KB197705

딸에게 주고 싶은
가장 좋은 말

아빠가 알려주는 인생에서 가장 중요한 것들

딸에게 주고 싶은
가장 좋은 말

이길환 지음

너에게 전할 말을 찾다가
비로소 나를 알게 되었다

사랑하는 딸아, 인생을 어떻게 살아야 할까?

한 개인은 고유한 존재이기에, 누구도 네 삶의 방식을 강요할
수 없어. 그런데 아빠가 살아보니 인생의 시련을 마주했을 때 '불
현듯 누군가 나타나 길을 알려줬으면' 하고 바라는 마음이 들기
도 하더라.

그래서 아빠는 이 책을 쓰기 시작했어. 너에게 인생의 정답
을 알려줄 수는 없지만 너와 가장 가까운 한 사람이 인생을 어떤
마음가짐으로 살아왔는지 알려주고 싶었거든. 조금 더 욕심을

낸다면 아빠의 말에서 정답이 아닌 너의 삶에 녹여낼 지혜를 얻을 수 있기를.

너에게 전할 말을 찾다 보니 지나온 인생이 보이고, 비로소 나를 알게 되었어. 이 책은 너에게 전하는 말이자 아빠의 삶을 담은 인생사가 되었구나. 그동안의 삶을 뒤져 가장 예쁜 말을 고르는 과정은 지금껏 느껴보지 못한 행복이자 기쁨이었어.

『논어』에는 '본립도생(本立道生)'이라는 사자성어가 나와. '사물의 근본이 서면 도는 저절로 생겨난다'라는 뜻이지. 간절히 바라는 일일수록 기본을 다져야 한단다. 인생의 지름길은 아이러니하게도 느리고 묵묵하게 걸을 때 비로소 보이는 법이니까.

남보다 뒤처졌다는 생각에 불안감이 찾아들 때면, '본립도생' 이 네 글자를 다시 한번 마음에 새기렴. 인생의 중심을 언제나 자기 자신으로 두고 '기본'을 찾아 묵묵히 해나가다 보면 언젠간 길이 보일 거야.

인생이라는 경주에서 앞만 보며 내달려선 안 돼. 때론 고개를 돌려 방향이 잘못된 것은 아닌지, 보폭은 적당한지, 저 멀리 두고 온 건 없는지, 손을 잡아줄 사람은 없는지, 아니면 몸을 기대어 쉴 곳은 없는지 두루두루 살펴야 해. 인생은 어렵지만 단순하지 않아서 곳곳에 행복이 스밀 틈이 생기는 거야. 그러니 유연한 마음으로 일상 속 행복을 되도록 많이 찾으렴.

자식이 험난한 세상을 잘 살아내길 바라는 부모의 마음은 누구나 간절해. 그 경중을 비교하는 것만큼 무의미한 일은 없지. 이 책에 담은 아빠의 마음도 마찬가지야. 삶이 버겁고 힘들다고 느껴지는 날, 때론 넘치는 기쁨을 마주한 날, 때론 그리움에 사무치는 날. 언제든 좋으니 이 책을 펼쳐보렴. 그리고 그저 네 곁

을 묵묵히 지켜주고 싶은 아빠의 마음을 느낄 수 있기를 간절히
바랄게.

　　산에 피어도 꽃이고
　　들에 피어도 꽃이고
　　길가에 피어도 꽃이고
　　모두 다 꽃이야

　　어린 네가 즐겨 불렀던 노랫말 따라 아빠의 인생에서 양분을
얻고 너만의 꽃을 피울 수 있기를.

이길환

차
례

너만의 인생 지도를 그리는 법

2장.
일하는 마음가짐에 대하여

3장.

때로는 지치고 흔들릴 너에게

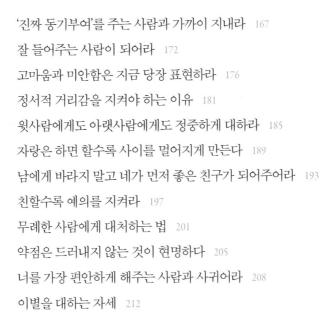

4장. ─────────────
인간관계에 관하여

5장.
어떻게 살아야 하느냐고 묻는다면

6장.
잘될 수밖에 없는 너에게

1장

너만의
인생 지도를
그리는 법

무궁무진한
삶을 앞둔 너에게

딸아, 인생은 때론 걷잡을 수 없이 빠르게 지나가더라.

    쏜살처럼 그리고 쏘아 놓은 화살처럼 말이지. '쏜살'이란 매우 빠른 것을 이르는 말이야. '쏘아 놓은 화살'이란 말은 한번 목표를 지정해 날아간 화살은 그 방향을 바꿀 수도, 멈출 수도 없다는 것을 뜻하지. 우리 인생이 쏘아 놓은 화살처럼 쏜살같이 지나간다면 어떻게 될까? 한번 목표를 정하고 빠르게 날아가는 화살은 다시 멈춰 세울 수 없어.

많은 전문가들이 인간의 기대수명은 120세까지는 가능하다
는 데 의견을 모으고 있고, 일부 학자들은 150세까지 가능하다
고 보고 있어. 이렇듯 인간의 삶은 눈에 보이는 수치로 확연히
늘어나고 있지. 아무리 인간의 기대수명이 늘어 100세를 눈앞
에 두고 있다고 해도, 잘못된 방향을 향해 빠르게만 서두른다면
100세는 의미 없는 시간이 될 테지. 그래서 아빠는 네가 인생을
온전히 너만의 시간으로 채울 수 있는 몇 가지 방법을 알려주고
싶어.

첫 번째는 인생은 늘 열려 있다는 것을 명심하렴.

아빠가 살아보니, 한 치 앞도 내다볼 수 없는 것이 인생이더
라. 오늘의 '기쁨'이 내일의 '슬픔'이 되기도 하고, 오늘의 '좌절'이
내일의 '성공의 발판'이 되기도 했어. 참 신기하지? 그래서 인생
은 늘 열려 있다고 봐야 해. 즉, 인생은 쏘아 놓은 화살이 아니란
말이야. 네가 한번 정한 목표는 언제든 상황이 변함에 따라 수정
할 수 있어. 아니 해야만 해. 혹여 이미 화살이 잘못된 방향을 굳
혀 거침없이 날아간대도 걱정하지 마. 그곳에 네가 찾던 길이 있

을 수도 있으니까. 너의 무궁무진한 삶은 바로 이런 열린 마음에서 비롯되는 거야.

인간만사 새옹지마(人間萬事 塞翁之馬)라고 하잖니? 아빠는 변방의 노인이 말을 얻고 잃음에 일희일비하지 않았던 지혜를 나이를 먹어가며 배우고 있어.

비가 세차게 내리던 어느 날, 아빠는 퇴근길을 재촉하고 있었어. 그날따라 지나는 교차로마다 빨간불 신호를 맞닥뜨렸어. 비도 내리고 차가 가다 서기를 반복하니, 마음이 답답해지기 시작했지. 복잡한 길을 벗어나 외곽도로를 지나던 찰나에 아빠는 사고를 당할 뻔했어. 온종일 내린 비에 산 사면이 무너져내려 도로를 덮친 거야. 아빠가 지나는 길 20m 앞에서 말이지. 아마도 그날 지나는 교차로 중 한 곳에서라도 파란불을 마주했다면 어떤 일이 벌어졌을지 아찔하더라.

딸아, 지금 네 인생이 빨간불에 멈춰 선 듯 느껴져도 걱정하지 말렴. 그 멈춤이 삶의 고난을 피하기 위한 천운이 될지도 모르니 말이야.

두 번째는 삶에 호기심을 가지렴.

아빠 나이쯤 되면 주변에서 심심치 않게 듣는 말이 있어. "시간이 쏜살같이 지나갔다"라는 말이지. 어른의 시간은 왜 빠르게만 흐르는 걸까? 그 이유는 바로 새로움이 없는 일상을 살아가기 때문이야.

이미 아는 재미, 이미 아는 맛, 이미 아는 장소 등. 새로움을 찾기 어려운 어른들은 뇌에서 처리할 정보가 많지 않아. 낯선 곳을 찾아갈 때를 생각해보렴. 처음 목적지를 찾아가는 길은 뇌에서 낯선 정보를 처리하느라 실제로 걸린 시간보다 길게 느껴질 거야. 그런데 되돌아오는 길은 어떻니? 아마도 한번 본 간판, 익숙한 도로의 풍경 때문에 처음보다 훨씬 빨리 도착한 기분이 들 거란다.

딸아, 긴 인생을 온전한 너의 시간으로 보내려면 삶에 호기심을 가져야만 해. 익숙함이라는 그늘 속에서 시간을 쏜살과도 같이 흘려보내지 않도록 늘 주의해야 한단다.

세 번째는 무엇이든 적극적으로 선택하렴.

히버드 심리학과 교수 엘렌 랭어는 책『늙는다는 착각』에서 '시계 거꾸로 돌리기'라는 실험을 소개했어. 양로원에서 수동적으로 생활하던 70, 80대 노인들을 20년 전 배경으로 꾸며놓은 장소에서 일주일간 생활하도록 하고 그 결과를 관찰했지. 노인들은 마치 20년 전 삶으로 돌아간 듯 매사 적극적으로 선택하고 행동했어. 그리고 일주일 뒤 노인들에게는 더욱 놀라운 변화가 일어났어. 그들의 청력, 악력, 기억력 등이 50대 수준으로 향상된 거야. 이렇듯 적극적으로 선택하는 삶의 자세는 긴 인생을 주도적으로 살아가는 방법이자 시간을 역행해 젊어질 수 있는 마법이란다.

딸아, 어느 날 문득 '시간이 쏜살처럼 지나간다'라는 생각이 들 때면, 아빠가 말한 세 가지를 떠올리렴. 우리의 수명은 지금

이 순간에도 점점 늘어나고 있어. 그 긴 인생을 쏘아 놓은 화살
처럼 쏜살같이 보내지 않기를 바란다.

어떤 결말도 열려 있는 너의 미래,

호기심 가득한 눈으로 바라보는 너의 미래,

무엇이든 적극적으로 선택하는 너의 미래를 응원할게.

그렇게 무궁무진한 너의 삶을 살아가렴.

무엇을 할 때
가장 행복한지 생각하라

딸아, 지금 행복하니?

    어떻게 답을 해야 하나 고민하는 네 모습이 눈앞에 그려진다. 그런데 아빠도 행복이란 과연 무엇을 말하는지 이 나이가 되어도 잘 모르겠어. 지금 누군가 아빠에게 '당신은 행복합니까?'라고 묻는다면 쉽게 답하지 못할 거야. 이렇게 행복이란 난해하기 그지없지만 그럼에도 인생을 살아가며 추구해야 할 중요한 가치임에 틀림없어.

인지심리학자 김경일 교수는 자신의 책 『마음의 지혜』에서 이런 이야기를 했어.

"행복은 전반적인 만족도의 평균을 계산하고, 불행은 구체적인 사례를 찾는 것이 사람들의 기본적인 생각 패턴이다."

우리가 행복을 묻는 말에 선뜻 답하지 못하는 이유는 '현재의 삶 전반'을 떠올리기 때문이야. 일상 곳곳에 소소한 행복이 넘쳐나는데도 전체적으로 보면 작은 부분에 지나지 않는다고 생각해 버리는 거지. 그렇게 곳곳에 있는 작은 행복들을 점점 잊고 살아가. 반면 '구체적인 사례'로 연상되는 불행은 버튼만 누르면 둑 터진 듯 쏟아낼 수 있단다.

딸아, 무엇을 할 때 가장 행복하니?

질문을 바꾸니 너의 표정이 밝아지는 것이 느껴지는구나. 대개 행복을 찾을 수 있는 일은 자신이 좋아하는 일인 경우가 많아. 그래서 행복한 인생을 위해서는 먼저 자신이 좋아하는 일이 무엇인지 찾아야 해. 그럼, 삶을 살아가며 무수히 겪는 일 중 '좋아하는 일'은 어떻게 찾을 수 있을까?

일단 자신의 관심사를 놓치지 말아야 해.

사람은 누구나 관심사가 있기 마련이야. 간단한 예로 소설을 좋아하는 사람, 시를 즐기는 사람 아니면 읽기보다 쓰기를 좋아하는 사람이 있듯이, 같은 분야에서도 세부적인 관심사가 각기 달라. 일상에서 무심코 흘려보내는 관심사에 행복이 숨어 있다는 것을 명심하렴. 한 번이라도 눈길이 가는 대상이나 일이 있다면, 한 발짝 더 다가가보는 거야. 그곳에서 행복의 원석을 발견할 수 있을 거란다.

행복의 원석을 가지고 이제 네가 할 일은 그것을 경험해보는 거야.

이땐 단순히 한쪽 발을 담그는 정도로 충분해. 그 분야에 성공한 사람들의 이야기가 담긴 책을 읽는 것 또한 간접 경험을 해보기에 좋은 방법이지. 어떤 것을 실제로 경험해봤다는 것의 의미는 생각보다 크단다. 백화점에서 단순히 눈으로 물건을 구경할 때보다 손가락을 뻗어 물건을 만질 때 구매욕은 커질 수밖에 없는 것처럼, 사람은 직접 만지고 경험한 관심거리에 더 큰 흥미를 느끼게 돼. 이제 너도 '행복이 담긴 관심사'에 손가락을 뻗어 그 촉감을 느끼게 된 거야.

다음 단계로 나아가는 방법은 굳이 설명하지 않아도 알 수 있어. 단순한 관심거리였던 그 일은 경험을 통해 어느새 '좋아하는 일'이 되어 있을 테니까. 좋아하는 일이니 시간을 쏟게 되고, 어려운 과정을 배우고 익히는 단계에서도 즐거움을 찾게 되지. 바로 몰입의 단계야.

그런데 아무리 좋아하는 일이라도 하염없이 좋을 수만은 없어. 인간이 겪는 모든 일에는 권태라는 함정이 있기 때문이지. 딸아, 행복을 찾아 나서는 네게 권태로움을 이겨낼 수 있는 몇 가지 지혜를 알려줄게. 이는 즐거운 일을 하나둘 찾아가는 삶의 과정 중에 자연스럽게 깨닫게 되는 것이기도 해.

먼저, 몰입의 단계에 접어들수록 의도적으로 쉬는 시간을 가져야 해. 좋아하는 일에 몰두하느라 제대로 먹지 않고 쪽잠을 자는 일이 없도록 말이지. 지친 몸과 마음은 한순간에 열정의 불씨를 꺼뜨리기도 하거든. 바로 '번아웃 증후군'처럼 말이야.

이런 시기에는 그 일을 억지로 지속하면 권태감이 더 커져서 아예 놓아버리고 싶어질지도 몰라. 좋아하는 일을 잃지 않기 위해서는 권태로움을 극복할 수 있는 너만의 방법이 필요해. 한동안 시간과 에너지를 쏟은 후에는 휴식하면서 지친 몸과 마음을 달랠 줄도 알아야 해. 또, 권태로움을 느끼는 일의 상위 감정을 찾는 것이 중요해. 예를 들어, 글쓰기에 몰입하는 단계를 지나 권태로움을 느낀다면, 생각을 표현하는 다른 일로 잠시 주의를 환기하는 식의 방법이야. 아빠는 글쓰기와 그림 그리기를 동일한 상위 감정의 범주에 두고 있어. 그래서 글쓰기에 권태로움을 느낄 때면 노트를 덮고 그림을 그린단다. 그 그림의 대부분은 네 웃는 얼굴로 채워지지.

딸아, 네가 무엇을 할 때 가장 행복한지 궁금하구나.

부디 즐거운 일을 찾고, 그 일에 몰입하는 삶을 살아가렴.

그 삶이 너를 행복으로 이끌어줄 거야.

아빠는 지금도 그리고 먼 미래에도 네 모습을 쓰고 그리며 살아가겠지.

그래서 아빠는 행복하단다.

오십이 된 네 모습을
상상해보자

반백 년, 오십이라는 나이는 인생에서 어떤 의미가 있을까?

옛 성현 공자는 오십을 '지천명(知天命)' 즉, '하늘의 뜻을 깨닫는 나이'라고 했어. 과연 인간이 오십 년을 살면 하늘의 뜻을 알 정도로 성숙해질까? 아마도 오십 년 만에 하늘의 이치를 깨닫기 위해선 온 세대를 통틀어 4대 성인 정도 되어야 가능하지 않을까. 그래서 아빠는 오십에 깨달아야 하는 이치를 하늘의 뜻이니 우주 만물의 원리이니 하는 거창한 표현보다 그저 '자신의 길'이라 말하고 싶어.

딸아, 오십이 된 너의 모습이 궁금하구나. 아마도 사회생활을 하고 있다면, 오십이라는 나이는 너만의 노하우를 가지고 왕성한 활동을 하고 있을 시기야. 아빠가 대학생이었을 때 도서관에서 읽은 책에 이런 내용이 있었어.

"다가올 시대에는 평생 한 가지 직업을 갖는 일은 상상할 수 없을 것이다."

그 한 구절을 읽고 머릿속으로 '여러 가지 직업을 가져야 한다고? 먼 미래의 일이겠지'라고 생각했었어. 그런데 지금 'N잡러'라는 말을 수도 없이 접하고 있으니 아빠의 생각이 얼마나 짧았는지를 알겠더라. 직업을 두 가지 이상 가진 사람이 점점 더 늘어나고 있는 걸 보면, 네가 오십이 되었을 때는 오히려 한 가지 직업을 가진 사람이 TV에 소개될 정도로 희소해질지도 몰라. 앞으로 뻗어 나가는 삶을 살기 위해선 늘 너의 역량을 키우고 계발해야 해.

본업을 두고 다른 일에 한눈파는 것을 손가락질하는 시대는 이미 사라진 지 오래야. 오히려 네가 살아갈 시대에는 언제든 극과 극을 오가며 다양한 일을 할 수 있어야 해. 그러니 직업에 있어서는 늘 열린 마음을 가지렴. 언제든 이력서 직업란에 새로운 한 줄을 적을 수 있도록 말이야.

그리고 오십에는 온전한 너의 편인 남편과 널 닮은 아이의 손을 잡고 함께 길을 걸어갔으면 해. 아이를 가지는 일에 대해서는 시대가 변함에 따라 다양한 가치관이 생겨나고 있어. 여기에 아빠가 한 가지 이야기해주고 싶은 것은 아빠의 삶은 네가 태어나기 전과 후로 나눌 수 있다는 점이야. 이 세상에 날 닮은 네가 있다는 것의 의미는 아무리 시대가 변한다 해도 아빠의 마음속 불변의 진리란다.

오십 전까지는 몸을 바삐 움직여야 할 나이였다면, 오십 이후에는 머리와 마음이 바쁜 시기야. 학업을 마치지 못한 자식, 연로한 부모 그리고 갱년기와 함께 겪어야 할 신체의 변화까지. 오십에 찾아오는 삶의 짐이 때론 무겁게 느껴질 수 있어. 하지만 너무 걱정하지마. 자연의 이치가 늘 그렇듯 너만의 희생이라 여겼던 그 시기도 언젠가 지나갈 테니 말이야. 뼛속까지 스미는 한기도 따스한 봄볕을 맞아 아지랑이가 되고, 한여름의 뜨거운 열기도 어느덧 기분 좋은 가을바람이 되어 불어올 테니까.

딸아, 마지막으로 오십이 된 네게 해주고 싶은 말이 있단다.

공자는 오십 이전에 사십을 '불혹(不惑)' 즉, '어떤 것에도 미혹되지 않는다'라고 했어. 이 의미에 대해서도 한번 되새겨봤으면 해. 불혹을 실천하려면 일단 수많은 유혹거리가 자신을 찾아와야 하지. 오십은 불혹이 지난 시점이지만 그래도 늘 자신을 가꾸고 발전시켜 누군가 혹은 어떤 일이 너에게 관심을 가지게 만들어야 해. 넘치는 유혹거리에 고민하는 것이 무관심에 방치된 자신을 바라보는 것보다 백번 낫기 때문이야.

딸아, 오십 이전에는 오십이 된 네 모습을 기대하기를,
  오십 이후에는 그 어느 때보다 성실히 보낸 오십을 자랑스러워하기를 바랄게.

반백 년을 의미 있게 보낼 수 있다면 네 미래는 앞을 향해 뻗어가는 인생이 될 거야.

그러니 오십의 네 모습을 생각보다 자주 그리고 구체적으로 떠올리렴.

매일 아침 1시간을
성장의 발판으로 써라

"아빠, 제발 5분만 더 잘게요. 네?"

아침잠에 곤히 빠져 있는 어린 너를 깨울 때면 어김없이 이렇게 말했었지. 그러면 아빠는 네 머리맡에 앉아 어젯밤 엉터리 꿈 얘기를 들려주곤 했었는데, 기억나니? 여전히 아침은 네가 잠을 몰아내느라 힘든 시간인지도 모르겠다.

'미라클 모닝'이라는 말을 한 번쯤 들어봤을 거야. '평소 기상 시간보다 이른 새벽에 일어나 자기 계발을 위해 노력한다'라는 의미로 통하고 있지. 아빠의 젊은 시절부터 몇 년을 주기로 관련 도서들이 나오고 있어. 아마도 많은 사람이 새벽 기상을 일생의 도전과제로 여기는 듯해.

그런데 아빠가 살아보니 진정으로 '미라클 모닝'의 의미를 실천하려면, 일찍 일어나는 것이 먼저가 아님을 알겠더라. 생각해 보렴. 수학여행 날이나 소풍날 아침은 저절로 눈이 떠지는 경우가 종종 있었지? 무언가를 하고 싶은 열망이 있다면, 잠자는 시간이 아까워져. '미라클 모닝'은 새벽에 기상해서 기적이 일어나는 것이 아니라 일찍 일어날 무언가가 있기에 기적이 일어나는 거야. 네게도 아침잠을 깨워줄 미라클 한 일이 한두 가지 정도는 늘 있었으면 해. 그리고 그 일을 위해 매일 아침 1시간을 투자하렴.

일주일 중 5일의 아침 1시간은 1년으로 계산하면 260시간이라는 적지 않은 시간이야. 주말을 빼고 하루 4시간씩 꼬박 석 달을 채워야 하는 시간이지. 어떤 일을 시작해도 네 몸과 마음에 노하우를 쌓을 수 있는 시간이란다. 더군다나 아침 1시간은 하루 중 가장 능률이 좋은 시간임을 잊지마.

아빠는 한때 낭독의 매력에 빠져 그날 읽은 책의 좋은 구절을 음성으로 녹음하곤 했었어. 그 작업은 주로 늦은 밤에 이뤄졌지. 그런데 어느 날 밤, 녹음본을 들어보니 말소리가 너무 빠르게 들리는 거야. 순간 '내가 이렇게 빨리 읽었다고? 내일은 내용을 곱씹으면서 천천히 읽어야겠어'라고 생각했지. 그리고 다음 날 아침에 일어나 어젯밤 녹음본을 다시 들었는데, 신기하게도 어젯밤에는 빠르게 느껴졌던 말소리가 적당한 속도로 들리는 거야. 피로가 쌓일 대로 쌓인 밤 1시간과 맑은 정신의 아침 1시간은 뇌의 정보처리 속도가 천양지차임을 깨닫게 되었어.

다시 한번 말하지만 '일찍 일어나는 것'이 목적이 되어선 기적 같은 아침을 맞이할 수 없어. 일찍 일어날 수 있도록 동기 부여를 주는 '무언가'를 만드는 일이 먼저란다. 그리고 그 일을 위해 매일 아침 1시간을 투자할 수 있다면 비로소 네 삶에 기적이 일어나는 거야.

"승리하는 것은 하루짜리 경기가 아니다. 그것은 매일 반복되는 작은 습관들의 연속이다."

『아주 작은 습관의 힘』의 저자 제임스 클리어의 말처럼 인생은 하루짜리 경기가 아니란다. 그리고 그 경기를 승리로 이끄는 데 필요한 시간은 하루 1시간이면 충분해. 물론 매일 반복하는 이른 아침의 1시간이지.

그리고 아침 1시간을 성실하게 보낸 자신에게 어떤 형태로든 보상을 해주렴. 군이 물질적인 보상이 아니어도 돼. 자신을 칭찬하는 짧은 글귀를 적거나 그날 이뤄낸 성과를 영상 등으로 기록하는 거야. 성과를 남에게 공연히 뽐내는 일은 자제해야 하지만 자신에게만은 넉넉히 자랑해도 된단다.

딸아, 이제 아침을 온전히 너만의 시간으로 만들 마음의 준비가 되었니? 그 누구에게도 방해받지 않고 하고 싶은 일을 마음껏 할 수 있는 시간. 그렇게 인생이라는 긴 경기를 너만의 페이스로 꾸준히 걸어가렴. 1등은 아닐 수 있지만 중도에 포기하는 사람

이 꽤 많은 인생이라는 경기에서 완주라는 값진 결과를 얻을 수

있을 거야.

앞서지도 뒤처지지도 않는 너의 걸음을 응원할게.

아빠도 오래도록 네 걸음을 따라 함께 걸었으면 좋겠구나.

경험이
너를 좋은 사람으로 만든다

딸아, '좋은 사람'이란 어떤 사람이라고 생각하니?

네 기분을 살펴 무조건 좋은 말만 하는 사람? 아니면 매번 뼈를 때리는 조언을 서슴지 않는 사람? 아빠가 생각하는 좋은 사람은, 뚜렷한 주관을 가지고 있지만 그것을 드러낼 때 상황을 두루 살필 수 있는 사람이야.

어느 날 공자의 제자 자공이 공자에게 물었어.

"온 마을 사람이 모두 좋은 사람이라고 하면 어떤 사람입니까?"

"썩 좋은 사람이 아니다." 공자가 답했어.

그러자 자공이 다시 물었어.

"그러면 온 마을 사람이 모두 미워하는 사람은 어떤 사람입니까?"

"역시 썩 좋은 사람이 아니다. 마을 사람 중에 착한 이는 그를 좋아하고, 착하지 못한 이는 그를 미워하는 것이 진정 좋은 사람이다."

『논어』자로 편에 나오는 이야기야. 공자가 생각하는 좋은 사람은 늘 좋은 말로 인기를 좇는 사람이 아니라 잘못된 일에는 옳은 말로 맞서는 사람이야. 좋은 일에는 진심으로 응원할 줄 알고, 나쁜 일에는 올바른 비평을 할 수 있는 사람이지.

그런데 공자가 말한 좋은 사람이 되는 길은 정말 쉽지 않아. 평생을 갈고닦아야 비로소 다다를 수 있는 험난한 길이지. 왜냐하면 인간은 의식적으로든 무의식적으로든 자신의 이익을 우선순위에 두고 행동하기 때문에 바른말을 하지 못할 때가 많거든. 아빠도 그런 유혹을 쉽사리 뿌리치지 못하고 합리화하는 모습에 자책할 때가 많았어.

딸아, 좋은 사람이 되려면 경험을 많이 하렴. 어떤 분야든 말이야.

사람은 저마다의 기준이 있어서, 한 가지 상황을 절대적으로 '좋다', '나쁘다'로 가를 수 없어. 특히 자신이 경험해보지 못한 분야에 관해서는 판단 자체가 불가능할 때도 있지. 그러니 올바른 판단을 위한 전제 조건은 다양한 경험이야.

먼저, 자신이 직접 부딪쳐보는 경험이 1순위가 되어야 해. 이론으로 배워 아는 것과 현실은 많은 차이가 있거든. 아무리 완벽한 계획도 변수가 생기기 마련이고, 머릿속 그림을 현실에 재연하는 일은 절대 쉽지 않아. 그러니 다양한 분야의 일을 직접 체험하는 것이 우선순위가 되어야 해. 그런 경험이 쌓일수록 전에는 보지 못했던 세상의 이면을 볼 수 있는 시야가 생겨날 거야.

아빠가 직장을 다니면서 상사나 동료 중에 '저 사람은 도대체 왜 저럴까?'라는 의구심이 드는 사람이 종종 있었어. 그런데 아빠가 그 직급이 되어 그 사람의 업무를 해보니 너무나 쉽게 그 마음을 알겠더라. 이해 불가라며 답답해하던 일도 자신이 직접 경험하면 어느새 공감 백배의 일이 되곤 하는 거지.

현실적으로 경험할 수 없는 분야라면 독서에 진심을 다하렴.

아빠 또한 책을 가까이하는 삶을 통해 매일매일 성장하고 있어. 어찌 보면 독서는 직접 경험을 위한 전초 단계라고 볼 수 있지. 많은 경험이 극적으로 녹아 있는 책을 읽다 보면, 네 심장도 함께 뛸 수 있거든. 그 지점이 바로 네가 경험으로 나아가야 할 순간이야.

그렇게 독서에 진심을 다하다 보니, 어느새 아빠가 책을 쓰고 있더라. 책장을 한 장 한 장 넘기며 책 자체를 경험하고 있었나봐. 아빠의 첫 책은 너에게 주는 선물이었어. 부족한 아빠로서의 갇힌 생각이 너의 이야기를 담은 책을 쓰며 확장된 셈이지. 딸아, 이제 좋은 사람은 어떤 사람이라고 생각하니?

진짜 좋은 사람이 되면 남에게 휘둘리지 않는단다. 누가 뭐라고 하든 경험이 만들어준 단단한 너의 주관이 올바른 판단을 시의적절하게 내려줄 테니까. 좋은 사람에겐 좋은 말과 생각을 전하고, 나쁜 사람에겐 촌철살인의 비수를 날리는 거지. 정말 멋지지 않니? 스스로 좋은 사람이 되어가는 네 주변에는 너만큼이나 좋은 사람이 함께 할 거야.

그러니 주저하지 말고 뭐든 시도하렴.
그렇게 좋은 사람이 되어가는 거야.

인생의 가장 큰 힘은 넘어져도
다시 일어날 줄 아는 것

딸아, 지금 무엇에 푹 빠져 있니? 아마도 그 일에 몰두하게 된 과정은 이랬을 거야.

일단, 눈길이 가고 호기심이 생긴다. 그래서 한번 슬쩍 경험해본다.

'어? 생각보다 재밌는데?'

한두 번 해보니 주변 사람의 칭찬이 들려온다.

"이쪽에 재능이 있는 것 같은데? 처음인데 너무 잘한다."

재밌는데 잘하기까지 하니 일상은 점점 더 그 대상으로 채워진다. 재능을 갖추고 몰두하는 시간까지 길어지자, 이제는 정말 헤어 나올 수 없을 정도로 푹 빠진다.

어때? 비슷한 과정이었니?

무언가에 진심을 다하는 마음가짐은 목표를 향해 지치지 않고 나아가는 힘이 돼. 그런데 때론 이런 과몰입이 실패라는 결과 앞에 쉽게 무너지는 원인이 되기도 하지. 온 힘을 다한 결과가 실패라면 맥 빠지는 것은 당연한 일이니까.

딸아, 네가 바라는 성공은 인생을 이루는 무수한 요소 중 극히 작은 부분일 뿐이야. 실패 또한 긴 인생을 스쳐 지나가는 찰나에 불과하지. 그러니 성공도 실패도 그리 중요하지 않아. 정작 중요한 것은 실패했을 때 다시 일어설 수 있도록 자신을 다독이는 거란다.

지금 인생의 시련이라는 돌부리에 걸려 넘어졌다면, 넘어진 김에 잠시 쉬는 것도 나쁘지 않아. 실제로 몸을 다쳐서 병원에 입원했다고 가정해봐. 바쁜 일상 중에 그렇게 긴 시간을 온전히 쉴 기회는 흔치 않을 거야. 넘어지고 다쳤다는 것에 자책하기보다 지난날을 되새기며, 얼마나 빨리 그리고 완전하게 회복할 수 있는지를 고민하렴. 자신을 돌보고 인생을 고민하기에 넘어졌을 때보다 좋은 시기는 없단다.

딸아, 실패하고 넘어져도 괜찮아. 여기까지 달려오는 동안 네 두 다리의 근육은 더욱 단단해지고, 그 단단함은 시련을 딛고 일어설 힘이 될 테니까. 그렇게 다시 걷는 너의 발걸음은 가벼우면서도 무게감 있는 한 걸음이 될 거야. 실패는 단지 또 하나의 새로운 경험일 뿐이란다. 그러니 다시 일어서 걷는 것을 두려워하지마. 어떤 결과를 맞이하든 결코 실패는 아니니까.

아빠는 네가 시련을 당당히 맞았으면 해.

그 시련조차 인생의 소중한 경험이 될 테고, 그런 경험이 쌓

이고 쌓여 단단한 네가 될 거란다.

그 모든 것을 이겨내는 너를 마음을 다해 응원할게.

그림자가 아닌
본모습으로 사는 법

하루는 햇살이 좋아서 산책을 나섰어.

사색에 잠긴 채 길을 걷다가 잠시 쉬기 좋은 곳에 머물렀지.
무심히 바닥에 시선을 두고 있는데, 늦은 오후로 넘어가는 길목
이라 길게 늘어진 그림자가 눈에 들어왔어. 한동안 몸짓에 따라
변하는 그림자를 살펴보니, 신기하게도 그림자의 바깥 테두리가
그림자의 중심부보다 조금 더 옅었어.

『장자』제물론 편에는 '그림자와 망량 이야기'가 나와.

망량은 그림자의 바깥 테두리에 있는 옅은 그림자를 뜻해. 어느 날 망량이 그림자에게 말했어.

"너는 걷는가 싶으면 멈춰 서고, 앉는가 싶으면 일어서는구나. 왜 그렇게 줏대 없이 행동하니?"

그러자 그림자가 대답했어.

"나는 내 주인이 움직이는 대로 움직일 뿐인데, 줏대가 없다니! 그런데 과연 우리 주인은 자신의 의지대로 움직이는 걸까? 어쩌면 우리 주인조차 다른 무언가에 의해 움직이는 것은 아닐까? 그러니 우리는 우리가 왜 움직이는지 도저히 알 수 없는 거지."

그림자는 사람을 따라 움직여. 그리고 그림자의 테두리인 망량은 그림자를 따르고. 망량의 입장에서는 자신을 이리저리 휘두르는 그림자가 밉지 않겠니? 그런데 그 속박을 벗어날 수 없으니 답답한 마음에 그림자를 향해 볼멘소리를 하는 거지.

딸아, 때론 지금 하는 일이 진정으로 자신이 원하는 일이라고 확신하지 못할 때가 있을 거야. 일뿐만 아니라 감정도 마찬가지야. 화가 나고, 눈물이 터져 나오고, 기쁘고, 실망하는 감정은 온전한 너의 감정이 맞니?

스스로 누군가의 그림자이거나 심지어 망량은 아닌지 살펴봐야 해. SNS에 올라오는 감성 가득한 타인의 인생이 부럽다면, 영상 플랫폼에 수천만 조회 수를 기록한 영상이 으레 재밌게 느껴진다면, 새롭게 출시된 프랜차이즈 매장의 메뉴가 맛있게만 느껴진다면 자신을 한번 되돌아보렴. 혹시 누군가에 의해 자신의 인생이 휘둘리고 있는 것은 아닌지를 말이야. 그런 흐름 속에 오래 머물다 보면, 어느새 너의 색은 선명함을 잃고 망량처럼 흐려질 거란다.

옷, TV 프로그램, 영화, 카페, 성격검사 등 새로운 아이템은 매일 같이 쏟아져 나와. 아빠도 젊은 시절엔 그것들을 하나라도 놓치지 않기 위해 많은 시간을 할애했어. 유행에 뒤처지는 자신을 용납할 수 없었지. 하지만 나이를 먹어가며 그런 흐름을 따라가기 버겁더라.

그런데 오히려 유행을 좇지 않자 내가 진짜로 편안해하고 좋아하는 것을 안 수 있었어. 알고 보니 난 자주색을 좋아하고, 알고 보니 난 목폴라 티가 싫고, 알고 보니 난 초코우유를 좋아하더라. 유행거리는 단지 '많은 사람이 좋아하는 것'일 뿐이야. 유행을 좇으려는 사람은 수많은 사람의 동일한 관심거리에 파묻혀 정작 자신이 좋아하는 것을 찾을 수 없어.

다시, 바닥에 늘어진 그림자를 보며 이런 공상에 빠졌어.

몸짓을 따라 그림자가 움직이기 시작했어. 그런데 일률적인 움직임을 거부하던 망량 녀석은 중심 그림자의 움직임을 한 박자씩 늦게 따라왔지. 점점 움직임에 시차가 발생하던 망량은 마침내 그림자를 벗어나 자유를 얻게 돼. 그리고 본래 자신은 누군가의 그림자의 그림자가 아닌 하나의 '완전한 존재'라는 것을 깨닫지. 그렇게 망량은 옅은 검은색을 벗어던지고, 자신만의 색을 찾아 새로운 인생을 살아가게 돼.

딸아, 그림자를 벗어난 망량처럼 진짜 네 모습을 찾기 위해 늘 노력하렴.

누가 일어서든, 앉든, 울든, 웃든, 그것은 너의 생각과 감정이 아니란다. 단숨에 벗어나기 힘들다면 휘몰아치는 흐름을 단 한 박자만이라도 늦춰보는 거야. 그 느려지는 한 박자가 쌓이고 쌓여 너를 휘두르는 파도를 벗어날 용기와 힘을 줄 테니까.

그렇게 너 자신을 찾아가렴.

망설여질 때는
일단 행동하는 것이 해결법

운전면허를 따고 첫 운행에 나선 길은 매 순간이 위기 상황이야. 운전을 도와주기 위해 동승한 지인이 아무리 "그냥 길 따라 쭉 가면 돼"라고 말해줘도 전혀 도움이 되질 않지. 길만 따라가기에 조작해야 할 것이 너무 많기 때문이야. 하지만 운전도 한달, 두 달, 1년쯤 지나면 누구든 어렵지 않게 할 수 있어. 네가 운전을 하고 있다면 충분히 공감할 거야. 운전뿐만이 아니라 다른 일들도 마찬가지야. 우리 삶에는 처음에는 서투르지만 시간이 흐르면서 점점 능숙해지고 잘하게 되는 일이 많아.

자신이 발을 들이지 않은 분야에 대해서는 모르는 것이 당연해. 그래서 그 일을 하는 사람을 '어려운 일을 하는 대단한 사람'이라고 생각하기 쉽지. 물론 정말 어려운 일을 해내는 '장인'인 경우도 있지만 사람이 하는 일이기에 네가 특별히 못 할 이유는 없단다. 어쩌면 그 '어렵고 대단한 일'이 너의 적성에 맞을 수 있어. 그러니 조금이라도 마음이 움직인다면 도전하는 게 맞아. 그 무수한 시도 중에 의외의 지점에서 인생의 전환점을 만날 수 있으니까.

삶을 살아가다 보면, 평소 자신의 관심사가 아니었던 일을 해볼 기회가 종종 생길 거야.

네가 어릴 때 아빠가 너의 머리카락을 잘라주곤 했었는데, 기억하니? 아빠는 아직도 처음 머리를 잘라주던 그날의 기억이 생생해. 너를 앉혀두고 막상 가위를 들자, '망치면 어쩌지?'라는 불안감이 찾아들었지. 그때 엄마가 이렇게 말했어.

"망쳐도 괜찮아. 조금 자르다가 아니다 싶으면, 미용실 데려가면 돼."

그 말에 힘을 얻어 가위질을 시작했어. 그런데 생각보다 좌우 균형을 잘 맞춰가며 머리카락을 자르는 자신을 발견했지. 우려와는 달리 아주 말끔하게 머리카락을 손질했어. 아빠 그때부터 지금까지 미용실에 가지 않고 내 머리카락은 스스로 자르고 있어. 너도 알고 있는 사실이지? 이제는 기술이 늘어서 어느 미용실 못지않게 자를 수 있는 수준이 되었어. 그전에는 같은 미용실에 가도 약간씩 스타일이 바뀌는 게 곤혹스러웠는데 마침 의외의 재능을 찾은 거지.

아빠는 가끔 은퇴 후의 여러 가지 모습을 상상하곤 해. 남성 시니어를 대상으로 한 세련된 미용실을 운영하는 일도 하나의 후보군이란다. 네 머리카락을 자르던 날, 가위를 들고 망설이기만 했다면 생각조차 해보지 않았을 일이지.

딸아, '처음'이라는 생각에 찾아드는 불안은 그저 자신이 만들어낸 환상에 불과해. 더군다나 시작하기도 전에 겁을 먹는다면, 정작 잘 해낼 수 있었을 일을 망쳐버릴지도 몰라. 일단 네게 닥친 일은 뭐든 '잘할 수 있는 일'이라는 생각을 가지렴. 그런 마음가짐이라야 너의 능력을 최대한 끌어낼 수 있어.

어떤 일의 시작을 준비하는 너는 이미 뭐든 잘하는 사람이야. 그러니 망설여진다면 일단 행동하는 것이 해결법이란다.

잠들기 전에
꿈을 이룬 모습을 그려보자

어느 날, 사무실 책상 한편에 놓아둔 화분이 갑자기 깨졌어. 수개월 전에 네 엄마가 생일선물로 보내준 이름 모를 관상화가 심겨 있던 화분이었지. 깨진 화분 주위를 조심스레 살펴보는데, 의아하게도 어떤 충격의 흔적도 찾을 수 없었어. 널브러진 파편을 치우고 뿌리째 꽃을 꺼내기 위해 화분 안을 살피자, 그제야 까닭 없이 화분이 깨진 이유를 알겠더라. 그 속에는 자랄 대로 자라다 수십 번 똬리를 튼 뿌리가 가득했어.

'이러니 화분이 버티질 못하지.'

빈틈없는 화분 속을 보고 있자니 그동안 움직임 없이 고요하게만 보였던 이름 모를 꽃이 실로 대단해 보이더라. 꽃은 쉼 없이 뿌리를 뻗어가며 내면의 힘을 응축시켜 결국은 단단한 화분을 깨뜨린 거야.

특별해 보일 것 없는 평범한 사람이 큰일을 해내는 경우를 종종 볼 수 있어. 그런데 과연 그 사람은 그저 '평범한 사람'일까? 아니야. 분명 겉보기엔 고요해 보여도 내면의 수양이 쌓일 대로 쌓인 사람임이 분명해. 단단한 화분을 안으로부터 깨뜨린 식물의 뿌리처럼 말이지.

삶에서 진정 필요한 것은 겉을 번지르르하게 꾸미는 것이 아닌 내면을 가꾸는 일이야. 꿈을 이루고자 한다면, 거울에 비친 외면을 단장하기보다 그 어떤 시련이 와도 굳건히 버텨낼 내면의 힘을 길러야 한단다.

그럼 내면의 힘을 기르려면 어떻게 해야 할까?

먼저 꿈을 이룬 자신의 모습을 온전히 상상할 수 있어야 해.

아빠가 대학 시절, 교양과목으로 글쓰기 수업을 들은 적이 있어. 종강을 앞두고 교수님은 이런 말씀을 하셨지.

"일생에 꼭 한 번은 자신의 이름으로 책을 써라."

가슴이 두근거리기 시작했어. 내 이름으로 책을 낸다니. 하루에도 수백 권의 책이 출간되고 있지만 자신의 이름으로 책을 쓰는 일은 정말 쉽지 않아. 그럼에도 아빠는 오랫동안 그 꿈을 가슴에 품고 살았어.

네가 태어나고 책을 쓰겠다는 꿈은 점점 구체화되었어. 잠들기 전, 그날 있었던 너와의 소중한 이야기를 하나둘 천장에 써 내려갔지. 그리고 그 이야기들이 금세라도 흩어져버릴까봐 새벽같이 일어나 노트에 옮겨 적기 시작했어. 그렇게 네가 6살이 되던 해, 아빠는 '내 이름'으로 '너의 이야기'를 담은 책 한 권을 냈단다.

꿈꾸지 않으면 사는 게 아니라고
별 헤는 맘으로 없는 길 가려네
사랑하지 않으면 사는 게 아니라고
설레는 맘으로 낯선 길 가려 하네

어린이집을 다니던 네가 한동안 흥얼거리던 노래야. 네 작은 입에서 흘러나온 노랫소리가 어쩌면 아빠의 꿈을 키워주었는지도 모르겠어. 너에 대한 사랑으로 아빠는 다시 꿈을 꿀 수 있었고, 별 헤는 마음으로 낯선 길을 갈 수 있었단다.

화분이 깨진 날, 파편을 정리하고 지난번보다 넉넉한 크기의 화분에 꽃을 옮겨 심었어. 그리고 생각했지. '꽃에 물을 주고 햇볕을 잘 쬐어준다면, 이 화분도 언젠가는 응축된 힘의 압박을 받겠지'라고. 그렇게 화분에 물을 주며 내 마음에도 큰 한술의 양분을 뿌려주었어. 양분을 받아먹은 마음의 뿌리가 묵묵히 뻗어

나가며 내면을 응축된 힘으로 채워주길 바라면서.

　딸아, 너도 아빠가 그랬던 것처럼 너만의 꿈을 꾸길 바랄게.

　그리고 그 꿈을 이룬 모습을 되도록 자주 또 구체적으로 상
상하렴.

　언젠가 내면에 쌓인 응축된 힘이 단단한 화분을 깨듯 너의
한계를 넘어설 수 있을 거야.

　그러니 오늘 밤은 꿈을 이룬 네 모습을 마음껏 상상해보렴.

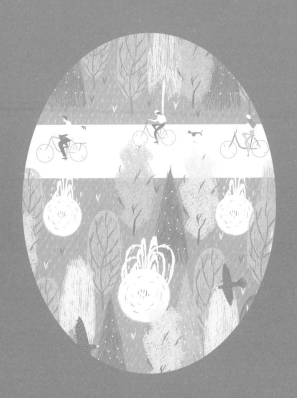

2장

일하는
마음가짐에
대하여

자신이 성장할 수 있는 곳인지
확인하라

"시간은 인간이 쓸 수 있는 가장 값진 것이다"라는 철학자 테오프라스토스의 말처럼, 아무리 큰 부자도 시간을 돈으로 살 수 없어. 누구에게나 시간은 공평하게 흘러가지. 지난 일을 후회하는 마음도 시간을 거슬러 과거로 갈 수 없기 때문에 생겨나는 거야. 그만큼 젊은 날 네가 보내는 시간은 정말 소중하단다. 그 어떤 가치와 맞바꿀 수 없을 정도로.

우리는 하루 중 깨어 있는 시간 대부분을 직장에서 보내게 돼. 내 소중한 시간을 보내는 일터는 과연 어떤 곳이어야 할까?

직장은 어떤 의미로든 성장을 이룰 수 있는 곳이어야 해. 그렇다고 뒤도 돌아보지 않고 치열한 경쟁 속에 허우적대며 살라는 뜻은 아니야. 극적인 변화를 이루는 성장이라면 더할 나위 없이 좋겠지만, 삶에 필요한 지혜를 얻을 수 있어야 한다는 의미이지. 인생은 부와 명예보다 우선시되는 가치가 더 많거든.

일터가 너의 성장을 이끌 수 있는 곳인지 알기 위해선 가장 먼저 네 업무를 잘 파악해야 해. 혹시 그저 시킨 일이라서, 운 나쁘게 떠안게 된 일이라서 한다고 생각하고 있진 않니? 그런 생각을 하는 순간 너의 일터는 하루라도 빨리 벗어나고 싶은 곳이 되고 말 거야. 아빠는 사회초년생 때 업무란 '눈앞에 떨어진 일을 마감 기간 안에 해내는 것'이라고 생각했어. 그 일이 어떤 의미가 있는지, 잘 해냈을 때 어떤 결과를 가져오는지는 중요하지 않았지. 그러다 보니 어느새 직장은 하기 싫은 일만 하는 곳이 되어 있더라.

하던 일을 멈추고 네가 무슨 일을 하는지 천천히 살펴보렴. 계획서를 읽고, 일련의 과정을 점검하고, 결과물을 보는 거지. 더 나아가 네가 이뤄낸 성과가 직장뿐 아니라 사회에 어떤 영향을 미치는지 다양한 시각으로 생각해보는 거야. 비록 눈에 보이지 않을 만큼 작은 변화일지라도 말이지. 그러다 보면 자신이 하는 일에 조금씩 애정이 생길 거야.

이때 네가 기를 수 있는 능력은 두 가지야. 먼저, 주어진 일을 성실하게 끝까지 해내는 능력. 그리고 일련의 과정을 전체적으로 바라볼 수 있는 통찰력이지. 이 두 가지 능력은 직장에서뿐만 아니라 삶 전반에 큰 도움이 돼. 눈앞에 닥친 일에 매몰되지 않고 넓은 시야로 상황을 살필 수 있다면, 인생이라는 큰 그림도 좀 더 수월하게 그릴 수 있거든.

너의 업무를 온전히 파악했다면 이제 '사람'을 보렴.
일에서 도무지 성장 요소를 발견할 수 없더라도 사람에게 배울 점을 찾을 수 있어.

"세 사람이 길을 가면, 거기에는 반드시 나의 스승이 있다. 그 가운데 나보다 나은 사람의 좋은 점을 골라 그것을 따르고, 나보다 못한 사람의 좋지 않은 점을 골라 그것을 바로잡는다."

공자가 한 말이야. 단 세 사람 중 자신을 빼면 두 사람이 남게 돼. 그 두 사람 중의 한 명은 나의 스승이 될 만한 사람이 있다는 뜻이야. 나보다 뛰어나든 아니든 배울 점이 있다고 했으니, 모든 사람에게 배울 점이 있다는 의미로 봐야겠지. 자, 이제 주변 사람이 다르게 보이지 않니?

딸아, 결국은 일을 제대로 살피고, 주변의 사람을 본다면 어느 곳에서든 성장할 수 있어. 성장을 가로막는 최대의 걸림돌은 안주하려는 네 마음이란다. 큰 도약만이 성장은 아니야. 일에서는 세상을 살아가는 통찰력을 얻고, 사람에게서는 삶의 지혜를 얻기를 바란다.

그래, 맞아. 성장할 수 있는 곳은 스스로 만들어가는 거야.

물어보는 것을
주저하지 말라

　일을 하면서 '저 사람은 어떻게 저런 생각을 할 수 있지?'라며 감탄할 때가 있을 거야. 그 사람은 대부분 너보다 오랜 기간 경력을 쌓은 사람일 테고. 자신만의 노하우를 가진 사람은 같은 일을 해도 훨씬 수월하게 할 수 있어. 같은 일이라고 표현했지만 현실적으로 같은 일이란 없단다. 모든 일은 변수의 총합이라고 볼 수 있을 정도로 제각각 흐름이 다르지. 그저 큰 틀에서 볼 때 같아 보이는 것뿐이야. 아무리 정교하게 풀어놓은 매뉴얼이 있다 하더라도 직접 체험하며 터득한 노하우를 결코 따라갈 수 없는 이유이지. 그럼 너도 하루빨리 노하우를 쌓고 싶겠지?

그런데 아쉽게도 네가 바라는 일은 어느 정도 시간이 필요해. 밀려오는 일에 대한 압박과 풀어내는 과정의 막막함 속에 때론 눈물이 날 것 같기도 할 거야. 그럴 때 가장 필요한 것은 주저하지 말고 물어보는 용기란다.

어린 시절 넌 세상 모든 것을 궁금해했지. 저마다 다른 색으로 피어나는 꽃을 궁금해했고, 아빠의 까슬까슬한 수염을 궁금해했고, 하늘을 붉게 물들이는 노을을 궁금해했지. 그때마다 넌 호기심 가득한 눈으로 망설임 없이 질문했어.

그런데 그토록 쉬웠던 질문이 지금은 어떻니? 건조한 빵을 물 없이 삼키듯 답답하게 느껴질 거야. 아빠도 그랬어. 사회생활 초년에는 선배들이 늘 화가 나 있다고 생각했지. 실상은 온화하게 미소 짓고 있었을지 모르는데 말이야.

그래도 딸아, 물어보는 것을 주저하지 말렴.

네 생각보다 사람은 자신의 노하우를 알려주는 것에 대해 관대해. 물론 수십 년간 내려온 맛집 레시피라든가, 경기의 승패를 좌우하는 기술적 노하우라든가 하는 것들은 철저한 비밀이 겠지. 하지만 네가 사회초년생 때 터득해야 할 노하우는 선배들이 얼마든지 전수해줄 수 있는 것들이야. 타 부서 담당자의 연락처, 관련 업체의 정보, 업무 처리 과정, 하다못해 인근 맛집 리스트까지. 네가 물어볼 것들은 아주 많아. 그들의 노하우를 배우고 싶거든 질문해야 해.

여전히 질문이 어렵다면 스몰토크에 집중하는 것도 좋은 방법이야.

평소 상대와 주고받는 대화의 양을 늘리면, 공적인 질문을 할 때도 좀 더 편안하게 할 수 있어. 그런데 문제는 어려운 상대에게 가벼운 질문을 하는 게 쉽지 않다는 거야. 이때 필요한 것은 바로 '뭐든 궁금해하는 마음'이란다.

자, 이제 주변 사람들을 호기심 가득한 눈으로 살펴보렴.

'바뀐 머리 모양', '새로 산 신발', '평소보다 들뜬 표정', '근심 가득한 한숨' 같은 것들이 보이니? 네가 할 일은 그저 그것들을 한 번 물어봐주는 거야. 그렇게 대화는 시작되는 거란다.

그리고 이것과 더불어 네가 타인뿐 아니라 자신에게도 많은 질문을 할 수 있었으면 해. 아빠도 지금까지 수많은 질문에 파묻혀 살았지만 삶에서 가장 중요한 것은 자기 자신에게 하는 질문이더라.

일의 노하우를 쌓듯 자신에게 하는 질문을 통해 인생의 노하우도 쌓길 바랄게.

그렇게 주저하지 말고 물어보는 삶을 살아가렴.

책임감이
너의 일을 단단하게 만들어준다

　아빠가 어릴 때 제일 좋아한 슈퍼 히어로는 스파이더맨이었어. 거미에게 물려 초능력을 갖게 된 영웅 이야기, 너도 알고 있지? 그 영화에는 "큰 힘에는 큰 책임이 따른다"라는 아주 유명한 대사가 있어. 이 말은 반대로 '강한 책임감이 있어야 큰 힘을 가질 수 있다'라는 의미이기도 해.

　책임은 힘을 얻는 계기가 되기도, 때론 잘못된 결과에 질책받는 원인이 되기도 하지. 큰 사건이 일어나면 모두가 책임자를 찾느라 혈안이 돼. 그만큼 어떤 일에 책임감을 가진다는 것은 쉽지 않은 일이야. 직장에서도 좋은 결과가 예견되는 일은 서로 자신의 업적으로 내세우려 하고, 반대로 어렵고 고단한 일은 책임을 회피하려 하지. 그런데 직장생활 중에 항상 좋은 일만 할 수는 없어. 어쩌면 능력을 인정받아 꼬일 대로 꼬인 일을 해결해야 할지도 모르지.

그러니, 좋은 일, 나쁜 일 구분 없이 자기 일에는 책임감을 가져야 해.

먼저 맡은 일을 명확히 파악하렴.

모든 회사는 '업무 분장'이라는 것이 있어. 개인마다 또는 팀마다 주어진 업무가 다양해서 일 처리의 효율을 위해 각자 영역을 명확하게 정해두는 거야. 이 업무 분장은 생각보다 중요해. 해야 할 업무가 확실해야 일에 더 집중할 수 있고, 책임감 또한 강해지거든. 그런데 대부분의 일은 칼로 자르듯 구분되는 경우보다 일련의 과정으로 연결되는 경우가 더 많아. 그래서 업무 분장만으로 명확하게 나눌 수 없는 영역이 생기지. 그런 경우를 대비해서 맡은 일에 대한 나름의 기준을 세워두는 것이 좋아. 너무 축소하지도 확대하지도 않는 선에서 말이야.

이제 너의 역량을 아낌없이 쏟아야 해.

업무 영역을 분명하게 정했다면, 좀 더 일에 집중할 수 있게 됐을 거야. 더 이상 그 일은 누가 시켜서 하는 것이 아닌, 네가 주도적으로 해나가는 일이 되는 거지. 이제 네가 할 일은 모든 역량을 쏟아부어 앞으로 나아가는 거야. 마지못해 일하던 과거의 자신을 저 멀리 놓아둔 채로 말이지.

일을 끝낸 후에는 잘 정리하렴.

일을 시작했다면 결과가 좋든 나쁘든 분명하게 마침표를 찍어야 해. 끝을 잘 맺어야 온전하게 성취감을 느낄 수 있고, 일을 그르쳤을 때 수습의 여지를 만들 수 있거든. 그런데 일을 잘 마치기 위해서 꼭 해야 할 일이 있어. 바로 '정리'야. 업무 처리 중에 얻게 되는 통계자료, 문서 서식, 글꼴, 사진, 영상 등은 언제든 활용할 수 있도록 잘 정리해야 해. 그렇게 너만의 자료를 하나둘 쌓아가다 보면, 새로운 일을 맡게 됐을 때 시작점을 찾기가 쉬워져. 일을 해나가는 것 또한 당연히 수월해지겠지. 이런 습관은 일에서뿐만 아니라 삶에서도 꼭 필요하다는 것을 명심하렴.

딸아, 자기 일을 제대로 알고, 열정을 쏟고, 마침표를 찍는 능력은 인생의 큰 자산이란다. 때론 책임감을 가지고 일을 하는 것이 무거운 짐처럼 느껴질 수도 있을 거야.

하지만 그 짐을 온전하게 짊어질 줄 알아야 자신만의 삶을 살아갈 수 있어. 그렇게 강한 책임감을 가지고, 인생을 살아갈 큰 힘을 얻기를 바랄게.

근태로 책잡히지 않는 것은
기본이다

'믿고 보는 ○○○', 인지도 있는 작가의 책이나 감독의 영화는 그 내용이 무엇인지 따지지도 않고 많은 인기를 얻곤 해. 그동안 전작을 통해 쌓아온 신뢰가 있기 때문이지. 신뢰는 인생의 큰 무기란다. 네가 누군가에게 신뢰를 주었다면, 그 사람은 너의 일을 지지해줄 가능성이 커. 그러니 일을 하는 데 있어서 신뢰야말로 반드시 쌓아야 하는 필수 덕목이야. 직장에서 신뢰하는 사람에는 여러 가지 유형이 있어.

먼저, 특정 분야의 재능이 월등한 사람.

어느샌가 번뜩이는 아이디어를 내놓는 사람이 있을 거야. 내심 그 사람과 자신을 비교하며 부러운 마음이 들지도 몰라. 하지만 그 사람은 아마도 수년, 아니 십여 년 이상의 시간 동안 자신의 분야에 매진하고, 실력을 갈고닦는 데 노력을 쏟아부었을 거야. 이렇듯 주어진 일에 놀라운 성과를 여러 차례 내놓는다면 신뢰는 저절로 쌓이지.

다음으로는 성실한 사람.

실력을 갈고닦는 것도 중요하지만 직장생활에서 가장 중요한 덕목은 바로 '성실'이야. 성실한 사람을 싫어하는 조직은 없단다. 그런데 성실하다는 평가는 정확히 어떤 점을 두고 말하는 걸까? 아빠가 직장생활을 해보니, 성실의 기본은 근무태도를 말하는 거였어. 회사는 엄연한 출·퇴근 시간, 업무 분장, 인수인계 과정, 직급에 따른 호칭 같은 것들이 있어. 기본적인 것을 기본 이상으로 한다면, 성실한 직원이라는 인상을 줄 수 있단다.

그런데 딸아, 신뢰는 쌓기는 어렵지만 깨지는 것은 한순간이야. "신뢰는 쌓는 데 평생이 걸리지만 무너지는 데는 단 5분도 걸리지 않는다"는 워런 버핏의 말처럼 성실함 없이 재능과 실력만을 내세워 쌓아 올린 신뢰는 그 기반이 튼튼하지 못해. 빠르게 변하는 시대의 흐름에 맞춰 매번 눈에 보이는 성과를 내놓기란 불가능해. 전과 같은 결과물을 내놓지 못하면서 불성실하기까지 하다면, 쌓았던 신뢰는 연기처럼 사라져버리지.

그러니 실력을 쌓는 것 이전에 성실한 사람이 되도록 노력해야 해. '워라밸'을 중요시한다면 정시 출근, 정시 퇴근이 맞아. 하지만 일찍 사무실에 도착해서 업무를 준비하는 사람, 퇴근 시간 후에 잠깐이라도 주위를 둘러보며 사소한 정리라도 하는 사람을 싫어할 회사가 있을까? 근무태도를 성실하게 유지하는 것은 희생과 낭비가 아니야. 오히려 잠깐의 노력으로 신뢰를 쌓을 수 있는 절호의 기회인 거지.

이런 방법으로 신뢰를 쌓는다면 너를 호의적으로 대하는 사람이 많아질 거야. 혹여 일에 실수가 있더라도 질책받기보다 조언을 듣는 경우가 많아질 테고. 간혹 생기는 개인적인 사정에도 더 많은 배려를 받을 수 있겠지.

내일 아침은 20분 일찍 출근길을 나서보는 건 어떨까? 그리고 회사에 도착해 책상을 말끔하게 정리하는 거야. 시간이 남는다면 커피 한잔을 내려서 잠깐의 여유를 누려보럼. 아마도 그 어느 때보다 상쾌한 하루의 시작이 될 거란다. 퇴근 후에는 사무실을 도망치듯 빠져나가지 않고 차분하게 소소한 것들을 챙겨봐. 이런 습관이 반복되면 너 스스로도 근무지에 대한 애정이 싹틀 거란다.

기분도 한결 온화해지고 성실한 직원이라는 신뢰를 쌓는 방법을 실천하지 않을 이유가 없겠지? 그렇게 누구보다 성실한 너를 응원할게.

긍정의 기운을 전하는
사람이 되어라

옛날 어느 랍비가 하인에게 시장에 가서 가장 맛있는 것을 사 오라고 시켰어. 그러자 하인은 곧장 시장으로 가서 혀를 사 왔어. 이틀쯤 지나 랍비는 그 하인에게 이번에는 시장에 가서 가장 맛없는 음식을 사 오라고 시켰어. 그러자 하인은 이번에도 혀를 사 왔어. 이를 의아하게 여긴 랍비가 하인에게 물었어.

"너는 내가 맛있는 것을 사 오라고 했을 때도 혀를 사 왔고, 가장 맛없는 것을 사 오라고 했을 때도 혀를 사 왔다. 그 까닭이 무엇이냐?"

"혀는 아주 좋으면 그보다 더 좋은 것이 없고, 반대로 나쁘면 그보다 나쁜 것이 없기 때문입니다."

사람이 주고받는 말에는 생각보다 강렬한 감정이 실려 있어. 그래서 쓰는 단어, 억양, 말하는 자세에 따라 대화의 분위기가 극과 극으로 달라지지. 위의 이야기에서처럼 혀로 내뱉는 말은 한없이 좋은 것일 수도, 반대로 한없이 끔찍한 것일 수도 있다는 것을 명심하렴.

예전 한 TV 프로그램에 매일 꽃들에게 기타를 연주하며 노래를 불러주는 꽃집 사장님이 나온 적이 있었어. 그분은 방송에서 이런 말을 했지.

"한동안 꽃집에 시끄러운 노래를 마구잡이로 틀어뒀었어요. 그러다가 기타를 배우면서 노래를 끄고 틈틈이 기타 연습을 했죠. 그런데 기분 탓인지는 모르겠지만 기타 반주에 잔잔한 노래

를 부르기 시작하니까 꽃들이 평소보다 더 생기 있고 오래 살아
있는 것 같더라고요. 그때부터 쭉 꽃들에게 노래를 불러주고 있
어요. 물론 최대한 다정하게요."

이렇듯 좋은 말이 전하는 힘은 무궁무진해.

딸아, 직장에서 긍정의 기운을 전하는 첫 단추는 바로 '인사'
야. 밝은 기운을 담아 건네는 인사는 상대에게 긍정의 기운을 전
하고, 이는 곧 너의 인상을 결정해. 인사 하나로 상대뿐 아니라
자신의 기분도 돌볼 수 있어. 오늘 당장 출근길에 밝은 미소를
지으며 인사해보렴. 여느 때와 달리 마음이 한결 가벼워졌다는
것을 깨닫게 될 거야. 음성의 파동을 타고 전달되는 좋은 기운이
자기에게도 영향을 미치기 때문이지. 그러니 상대가 좋든 싫든
자신을 위해서라도 인사에는 긍정의 기운을 담아야 해. 그리고
인사는 무조건 먼저 하렴. 인사는 상대방과 자신에게 좋은 기운
을 전할 수 있는 절호의 기회야. 그러니 네가 먼저 선점하는 것
이 좋지 않을까?

소통 강연으로 유명한 김창옥 교수는 이렇게 말했어.

"원래의 말투를 모국어라고 하는데, 사람을 만날 때는 모국어가 좋은 사람을 만나야 합니다."

다정한 언어로 따스함을 전하는 사람을 만나라는 의미야. 그만큼 언어는 한 사람의 인성을 결정하는 중요한 요소이자, 우리가 인생에서 만나야 할 사람을 알려주는 지표인 셈이지.

딸아, 누구든 만나고 싶어 하는 다정한 인사를 먼저 건네는 사람이 되렴. 그렇게 너의 따뜻한 말과 잔잔한 노래를 듣고 피어난 아름다운 꽃이 네 삶에 함께하기를. 아빠의 사랑을 담은 언어도 이 책을 통해 오래도록 너와 함께하기를 소망한다.

"딸아, 늘 안녕하기를."

할 수 있는 일을
점점 더 늘려가는 것

과연 하고 싶은 일을 직업으로 가진 사람은 몇이나 될까?

아마 그렇지 않은 사람이 더 많을 거야. 하고 싶어 하는 일인데 재능이 전혀 없는 경우에는 그 일을 직업으로 삼을 수 없어. 혹 재능이 있어 직업으로 삼게 된다 해도 좋아하는 일이 업이 되면, 순수한 흥미가 떨어지기 마련이지. 결국 업무의 하나가 된 그 일은 더 이상 하고 싶은 일이 아닌 게 되는 거야.

그럼 어떤 일을 하며 살아야 할까? 직장생활 중에 '하고는 싶지만 도저히 할 수 없는 영역'이 있을 수 있어. 예를 들어, 멋진 디자인의 도안을 만들어내고 싶은데 미적 감각이 부족한 경우, 숫자를 다루고 싶은데 꼼꼼하지 못해 잦은 실수를 하는 경우 등 마음처럼 해낼 수 없는 것들이 있지. 할 수 있는 일과 할 수 없는 일을 잘 구별해서 매진할 줄 알아야 해.

때론 하고 싶은 일이 아니었는데, 막상 해보니 적성에 딱 맞는 경우가 있어. 그게 바로 할 수 있는 일이야. 그런 일은 같은 노력과 시간을 들여도 남들보다 빠르고 정확하게 해낼 수 있지.

아빠가 젊은 날 시험공부를 할 때 한 과목의 강사가 이런 말을 했어.

"전 솔직히 이 시험에 합격하지 못했습니다. 시험에 연거푸 낙방한 뒤에 뭘 해야 하나 고민했죠. 그러던 중 우연히 제 수험노트를 본 학원장이 제게 강의를 제안했습니다. 마음이 힘들었습니다. 제가 하고 싶은 일은 강의가 아니라 시험에 합격하는 일이었거든요. 그런데 막상 강의를 시작하자, 딱 제 길이었습니다. 문제를 분석하고 남들에게 논리적으로 설명하는 일이 정말 잘 맞았습니다. 그래서 생각했죠. 인생에서 해야 할 일은 하고 싶은 일이 아니라 할 수 있는 일이라는 것을요."

딸아, 네게도 분명 적성에 맞는 일이 있을 거야. 평소 좋아하는 것만 해서는 잠재력을 발견할 수 없어. 그러니 네게 주어지는 일을 회피하지 말고 충실히 해보는 거야. 그것 중에 너의 재능을 꽃피울 보석 같은 일이 숨어 있을 테니까. 그렇게 할 수 있는 일을 되도록 많이 찾으렴.

그런데 말이야. 할 수 없는 일은 직장에서만 할 수 없는 일일 뿐이란다. 퇴근 후에 즐기는 그림 그리기, 운동, 글쓰기 같은 것들은 온전한 너의 취미활동이지. 그저 즐기면 되는 것들이야. 이렇게 일적으로만 확정 지었던 생각을 조금만 확장해도 할 수 없음과 할 수 있음의 구분은 더 이상 의미가 없어지지. 그러니 삶을 자기가 상상할 수 있는 가장 넓은 세계로 확장해 나간다면 인생에서 할 수 없는 일은 없어. '할 수 없다'라는 개념은 무한한 가능성이 존재하는 세상에서는 아무런 의미가 없으니까.

딸아, 할 수 있는 일을 되도록 많이 찾되 할 수 없는 일은 없다는 것을 명심하렴. 그렇게 내면의 무한한 가능성을 마음껏 펼쳐보는 거야. 그리고 비로소 삶의 어떠한 장이 펼쳐지더라도 자신만의 그림을 꿋꿋하게 그릴 수 있기를.

긴장될수록
연습하라

'많은 사람 앞에서 말하려니 울대가 떨려온다. 긴장감에 청각은 더욱 예민해져 사람들의 말소리가 마치 거대한 바위처럼 느껴진다. 말을 시작하자 목소리는 어김없이 떨리고, 준비한 내용은 제대로 전하지 못한다.'

누구나 사람들 앞에 서면 긴장하기 마련이야. 그런데 가만히 살펴보면, 오감이 유독 예민한 사람이 이런 상황에 취약하다는 것을 알 수 있어. 오감이 예민한 사람은 그렇지 못한 사람보다 주변의 반응을 크게 받아들여 상황 자체에 대한 불안도가 높기 때문이지.

　과도한 긴장이 어려움으로 느껴진다면 이렇게 해보렴. 바로 오감을 의도적으로 무디게 만드는 방법이야. 간단한 예로, 귀에 이어폰을 꽂은 채로 말을 하면 목소리가 커지면서 떨림이 사라지게 돼. 또, 안경이나 렌즈를 착용하지 않아 상대가 또렷하게 보이지 않으면 평소보다 편안하게 대화할 수 있어. 이렇게 외부 자극을 물리적으로 차단하는 것이 가장 효과적이지만 제약이 있기 때문에 집중의 대상을 전환할 수 있는 장치를 마련해두는 것이 좋아.

　긴장을 늦추는 최고의 방법은 부단한 연습이야. 누구나 아는 방법이지만 이를 적극적으로 실천하는 사람은 생각보다 많지 않아. 특히 직장에서 어떤 문건을 보고해야 하는 상황은 긴장되기 마련이야. 목소리는 떨리고 상사의 돌발 질문에 당황하기 일쑤지. 만약 상사에게 설명하는 상황을 가정해서 10번을 연습한다면 어떻게 될까? 아니 30번, 50번을 반복해서 연습한다면?

말하기 연습을 한다는 것은 기본적으로 설명하고자 하는 내용에 대한 암기가 바탕이 되어야 해. 그렇게 암기한 내용을 복기하기 위해 집중하다 보면, 숨 막히는 분위기에 쏠려 있던 정신을 분산시킬 수 있어. 상사의 기분을 세밀하게 살피던 오감은 무뎌지고, 편안한 말하기가 가능해지는 거야.

그런데 다시 한번 말하지만 이렇게 곤혹스럽기만 한 긴장도 오감이 뛰어나다는 방증임을 잊지 말아야 해. 그러니 긴장될 때 자책하기보다 오감을 잘 활용해보렴. 다른 사람이 놓치는 것을 섬세한 감각으로 보고 들을 수 있을 테니까.

딸아, 긴장해도 괜찮아. 긴장이 불편하게 느껴진다면 부단한 연습으로 이겨내고, 반대로 능력으로 발현된다면 마음껏 집중하면 된단다. 긴장하는 자신을 질책하는 대신 격려하고 다독여주렴.

예의는
어느 문이든 열 수 있는 열쇠

'미운 놈 떡 하나 더 준다.'

미운 사람일수록 잘해주고 감정을 쌓지 않아야 한다는 뜻의 속담이야. 직장에서도 통하는 말일까? 회사는 기본적으로 성과를 중시하고, 사원들 간의 경쟁을 독려해. 그래서 직장을 다녀보면 다들 자신만의 무기를 하나쯤 품고 있지. 업무능력이든, 대인관계 기술이든 자기 능력을 언제든 펼칠 준비를 하고 있어. 그런 치열함 속에 '미운 놈'은 그저 내치고 싶은 사람일 뿐이야. 그러니 직장에서 '미운 놈'만은 되지 않기 위해 노력해야 해.

"매사에 예의라는 값을 더해서 팔라. 이것은 더 많은 호의를 베푸는 방법이다. 예의는 실제로 뭔가를 주는 게 아니라 상대방에게 정중히 감사의 의무를 지우는 방법이다."

발타자르 그라시안의 말처럼 예의 있는 행동은 상대에게 물질적인 뭔가를 주는 것이 아니야. 상대를 존중하는 마음을 말과 행동으로 표현하는 거지. 누군가 자신에게 존중의 뜻을 전한다면, 그 사람이 원수가 아닌 한 감사한 마음이 드는 것은 인지상정이야. 이렇듯 예의를 지키는 것만으로도 원만한 관계의 기초를 쌓을 수 있어.

먼저 기본적인 예의를 갖추렴. 세계의 그 어느 문화권에서도 예의는 중요시되는 덕목이야. 어찌 보면 예의 없는 사람에게 반감이 생기는 것은 인간의 본능에 가까울지도 모르지. 예의 없는 행동은 상대의 감정을 거스르고 일을 그르치는 원흉이 된다는 것을 명심해야 해.

또, 누군가에게 도움을 요청할 때는 더욱 예의를 갖춰야 해. 강철왕 앤드류 카네기의 묘비에는 "자신보다 우수한 사람을 어떻게 다루는지 아는 사람이 여기 누워 있다"라고 새겨져 있어. 세계적으로 성공을 거둔 사람도 자신만의 능력으로 모든 것을 이룬 것이 아니란다. 일상에서도 온전히 혼자의 힘으로 할 수 있는 일은 드물어. 어떤 형태로든 남의 도움이 필요하지. 직장생활은 경력이 쌓일수록 도움을 받는 일보다 도움을 주는 일이 많아지지만, 그래도 늘 도움이 필요한 부분이 있어.

만약 평소에 미운털이 박혀 있는 사람이 도움을 요청한다면 누구든 흔쾌히 도움을 주지 않을 거야. 아니, 이런저런 핑계를 대며 아예 도움을 주지 않을 확률이 더 높지. 그러니 상대를 존중하는 마음을 담아 예의 있게 도움을 요청해야 해. 그렇게 도움을 요청받은 상대는 도와줄지 말지를 떠나 네게 감사의 마음을 표현할 거야. 비록 당장 도움을 받지 못하더라도 앞으로의 관계를 위해 반드시 예의를 갖추렴. 미운 놈으로 낙인찍히면 다음번은 절대 없을 테니까.

도움을 얻기 위해 반드시 예의를 갖춰야 하지만, 억지로 꾸며낸 예의는 아첨하는 말에 불과하다는 것을 명심해야 해. 현명한 사람이라면 그것이 예의인지 아첨인지를 분명하게 알 수 있어. 그러니 도움이 필요하다면 상대의 능력을 인정하고 그의 노력을 진심으로 존중해야 해. 그런 너의 마음을 받아들여 기꺼이 도움을 주는 사람은 일뿐만 아니라 네 인생의 큰 자산이 될 거란다.

딸아, 진중한 예의를 갖추고 도움을 구하다 보면 주변에 좋은 사람이 많이 생길 거야. 누군가가 너에게 도움을 구할 때 그 사람이 어떤 인성을 가졌는지를 알아보는 눈도 생길 테고. 결국 이 모든 과정은 네가 원하는 도움을 받든 그렇지 못하든 인생의 지혜를 배우는 아주 값진 경험이 될 거야. 예의를 갖추는 것은 남을 존중하는 것을 넘어 네 인생을 존중하는 일임을 기억하렴.

멘토를 통해
지혜를 얻자

오마주는 프랑스어 'hommage'에서 유래된 말로, 본래 의미는 존경 또는 찬사를 뜻해. 지금은 음악, 영화, 미술 등의 분야에서 창작자가 존경하는 작품이나 작가에게 찬사를 보내는 방식을 오마주라고 표현하지. 예를 들어, 자신의 영화에 특정 작품의 상징적인 장면을 유사하게 넣는다든가, 원곡을 왜곡하지 않는 범위에서 나름의 방식으로 노래를 만든다든가 하는 방식이야. 때론 오마주는 패러디나 표절의 모호한 경계에 놓여 논란이 되기도 해. 원작자가 명쾌하게 오마주를 인정한 것이 아닌 한 말이지.

패러디나 표절을 통해서는 절대 성장할 수 없어. 그것들은 모두 원작을 존중하지 않고 오로지 이익만을 위한 행동이거든. 한 유명 작곡가도 표절 논란에 휩싸이면서 그동안 쌓은 명성을 한순간에 잃게 되었지. 그가 작곡한 수많은 곡의 표절 시비를 가리느라 한동안 나라가 떠들썩했었어. 애정하던 노래가 다른 곡의 표절이라고 생각하니 허망한 마음마저 들더라.

오마주의 본래 의미가 존경 또는 찬사라고 했지? 패러디나 표절이 아닌 온전한 의미의 오마주는 작가나 작품에 대한 존중이 전제되어 있어. 즉, 배움의 자세로 존경하는 작가의 발자취를 따라 걸으려는 마음이지.

너의 분야에서도 오마주의 대상을 찾아 멘토로 삼으렴.

멘토는 '신뢰할 수 있는 스승'이라는 의미로 오마주와 같이 존중을 기반으로 하고 있어. 단순히 따라 하고 싶은 마음을 넘어서는 오마주의 대상을 멘토로 삼아야 해. 뛰어난 업무능력을 갖춘 사람, 매사 긍정적인 말과 행동으로 좋은 기운을 전하는 사람, 통찰력으로 급박한 상황을 침착하게 정리하는 사람, 뛰어난 자기 관리로 언제나 활기찬 사람 등. 네가 보고 배워야 할 사람은 어디에든 있어. 한 분야에서 뛰어난 능력을 갖춘 사람이라고 해서 무조건 삶에 대한 통찰력과 내면의 진중함을 겸비하고 있다고 볼 수는 없어. 그러니 멘토를 찾는 눈을 가지렴. 진정한 의미에서 신뢰할 수 있는 스승이어야 해. 혹시 네가 직장생활에서 멘토로 삼은 사람이 성과 덕분에 후광효과를 얻고 있는 사람은 아닌지 살펴봐야 해.

공감 능력이 뛰어나 고민을 잘 들어주지만 일을 감정적으로 처리한다.

업무성과가 뛰어나지만 완벽주의 성향으로 기본적인 예의 없이 안하무인이다.

논리적인 분석을 잘하고 말하기 능력이 훌륭하지만 뒷담화를 잘하고 매사 불평이 많다.

사람은 모든 면에서 완벽할 수 없어. 직장 내에서 멘토로 삼는 사람은 기본적으로 인성이 좋은 사람이어야 해. 아무리 뛰어난 능력이 있더라도 남을 무시하고 상식이 통하지 않는다면, 성과에만 목매는 이기적인 사람일 수 있거든. 인성이 먼저이고, 실력은 그다음이라는 것을 명심하렴.

좋은 멘토를 찾으면 개인의 능력을 발전시키는 것뿐만 아니라 삶의 고비마다 지혜가 담긴 조언을 들을 수 있어. 더 나아가 오마주를 통해 멘토의 가르침을 더 발전적으로 해석하고 자기 삶에 적용할 수 있을 거야.

딸아, 신정한 멘토를 찾아 마음껏 오마주를 펼쳐보렴. 그렇게 성장하다 보면 누군가는 너의 지혜를 배우기 위해 멘티가 되기를 청할 거야.

멘토를 따라 걷고 멘티를 이끌어주는 네가 되기를 바랄게.

거절하는 방법을 아는 것도
중요하다

"인생은 돌이킬 수 없다. 미안하다는 이유로 거절하지 않으면 후에 더 큰 결과를 감당해야 한다. 서로 빚진 것도 없는데 단지 미안해서 거절하지 못한다면 그보다 어리석은 짓이 어디 있겠는가?"

　　　　　　　- 무옌거 『남들이 나를 함부로 하지 못하게 하라』 중에서

딸아, 거절은 늘 어렵지만 반드시 능숙해져야 해.

상대의 부탁을 들어줄 수 없는 상황에서는 정확한 표현으로 확실하게 거절해야 곤란을 겪지 않아. 바쁜 상황에서 동료의 부탁을 거절하지 못하면 생각지 않던 야근을 해야 하고, 친구와 선약이 있는데 회식 제안을 거절하지 못하면 친구로부터 신뢰를 잃게 돼. 억울한 마음은 그다음 문제로 치더라도 불편한 삶을 살아서는 안 되겠지?

사람들이 거절을 어려워하는 가장 큰 이유는 바로 미안함 때문이야.

사람은 누군가로부터 부탁을 받으면 '상대방이 나를 신뢰한다'라는 생각을 갖게 돼. 이때 선뜻 거절하지 않고 머뭇거리면 상대방의 기대감은 더욱 커지게 되지. 재차 부탁하는 상대를 보며 미안함은 어느새 부탁을 들어줘야 한다는 의무감으로 바뀌게 돼. 그렇게 되면 부탁을 거절하는 것은 '자신이 해야 할 일을 하지 않은 것'이 되기에 고를 수 없는 선택지가 되는 거야.

거절이 어려운 또 다른 이유는 상대와의 관계가 당장이라도 끊어질 것 같은 불안감 때문이야. 거절의 대답을 듣고 실망하는 상대의 표정은 상상만으로도 마음이 불편해지거든.

직장에는 남을 평가하는 것을 즐기는 사람이 있어. 그런 사람의 부탁은 더더욱 거절하기 어렵지. 부탁을 들어주지 않은 사람을 몰인정하다고 평가하고, 주변 사람들에게 자신의 평가가 여지없이 맞아떨어졌다며 호들갑을 떨게 분명하니까.

그런데 딸아, 거절한 후의 상황은 생각처럼 그리 절망적이지 않아.

저마다 고유 업무가 있고, 업무계획에 따라 일을 해. 그런 상황에서 자기 업무가 아닌 일을 부탁받는 것은 온전히 상대가 도움을 바라는 상황이기 때문에, 부탁을 받아들일지 말지에 대한 선택권은 오로지 자신에게 있어. 거절한다 해도 전혀 미안할 일이 아니란 거지.

또 업무의 선을 긋는 것은 상대의 영역을 존중한다는 의미이기도 해. 그래서 업무적인 부분에서 거절로 인해 감정의 골이 깊어질 가능성은 크지 않아. 너의 일이 아니라면 의무감을 가질 필요도, 거절을 미안해할 필요도 없단다.

주변에 맺고 끊는 것을 잘하는 사람이 있을 거야. 그런 사람에 대한 평가는 어떻니? 아마도 '뚜렷한 주관으로 자기 일을 잘 챙기는 사람'이라는 평가가 대부분일 거야. 오히려 사람들은 정당한 거절을 응원한다는 것을 알 수 있어.

그런데 이렇게 거절의 필요성을 안다 해도 그것을 실천하는 일은 역시 쉽지 않아.

이때 아빠가 추천하는 방법은 바로 '음' 방법이야. 거절이 필요한 상황에서 머쓱하게 웃거나 'YES'를 외치는 대신 그냥 '음' 하고 몇 초간 있는 거지. 쉽게 답을 내놓지 않고 침묵하는 것은 상대에게 거절의 분위기를 전달하는 강력한 방법이란다. 단 몇 초에 불과하지만 적절한 거절 멘트를 고를 수도 있고, 또 고심하는 표정으로 '음' 하고 침묵하는 순간, 상대방은 대답을 기다리는 처지가 되어 대화의 주도권을 자신에게로 가져올 수 있어. 이런 저런 사족을 보태지 않고도 대화의 주도권을 잡는 방법이라니 정말 '침묵은 금'이란다.

어찌 보면, 누군가 나를 필요로 하고 그에 맞는 역량을 갖췄다는 사실은 자신의 존재가치를 인정받는 일이기도 해. 오히려 거절의 상황은 나를 필요로하는 기회의 순간인 거지. 그러니 때론 거절하지 못하더라도 너무 억울해하지 않아도 된단다.

딸아, 거절을 온전한 자유의지로 선택하렴.

지금 누군가의 부탁에 마음이 조급하다면 '음' 하고 5초를 세어봐. 그리고 생각을 마친 뒤, 받아들일 수 있는 일은 마음을 다해 돕고 그렇지 않은 일은 말끔히 거절하면 되는 거야.

좋은 제안은
그 반대편에서도 생각해보라

어느 날, 혜자가 장자에게 말했어.

"나는 큰 나무 한 그루를 가지고 있는데, 사람들은 그것을 가죽나무라고 부르더군. 줄기에 옹이가 가득하고 가지는 굽어서 길이조차 제대로 잴 수 없어. 사람이 다니는 길가에 서 있지만 목수들은 쳐다보지도 않지. 자네가 하는 말도 크기만 하고 쓸모가 없네."

장자가 대답했어.

"자네는 산에 사는 살쾡이라는 녀석을 본 적 있나? 이리저리 자유롭게 날뛸 수 있지만 그러다 덫에 걸려 죽는 놈이라네. 또 저 검은 소는 하늘을 드리울 만큼 크나 작은 쥐 한 마리를 잡지 못하지. 자네가 지금 큰 나무가 쓸모없음을 근심하고 있는데, 어찌 그 나무를 넓은 들판에 옮겨 심고 가지가 드리운 그늘 밑에서 편히 쉴 생각은 못 하는가? 그리고 그 나무는 쓸모가 없어서 도끼에 찍히거나 해를 당할 일도 없는데, 나무가 괴로울 일이 있겠는가?"

『장자』에 나오는 '큰 나무 이야기'를 들려주자 넌 이렇게 말했어.

"우리 반에도 키 큰 친구, 작은 친구 있는데 모두 다 예뻐."

세상일은 받아들이고 해석하기 나름이야. 보는 관점에 따라 같은 상황도 180도 달라지지. 장자는 쓸모없음의 유용함을 말했지만 때론 쓸모 있음이 화를 불러오기도 해. 혜자의 나무가 곧고 다루기 쉬운 나무였다면, 제명을 다하지 못하고 누군가에 잘렸겠지. 이렇듯 모든 일에는 좋은 면과 나쁜 면이 항상 공존하고 있어. 좋은 제안은 반드시 그 이면을 봐야 해.

아빠가 살아보니 인생은 굴곡이 심한 산의 비탈길과 같아. 좌우의 굽이도 심하고 위아래의 높낮이도 제각각이라 오르는 일이 쉽지 않지. 자칫 한눈을 팔다가는 낭떠러지로 떨어질 수 있어. 너에게 찾아온 달콤한 제안은 구불구불한 비탈길에서 잠시 만난 작은 쉼터에 불과해. 어쩌면 그곳의 지반이 무르고 약해 오래 머물다가는 길이 무너져 내릴 수도 있지. 멈추지 않고 지났다면 무너져 내릴 일이 없었을 텐데 말이야.

현재 직장보다 좋은 조건의 영입 제안을 받는다면 어떻게 해야 할까? 무작정 사표를 내던지고 이직해야 할까? 아니면 두려운 마음에 제안을 거절해야 할까?

뚜렷한 주관 없이 자신을 남과 비교하다 보면, 상대의 나은 점은 실제보다 부풀려 받아들이고 자신이 처한 현실은 제대로 바라보지 못해. 그래서 열이면 열 '자기 일이 가장 힘들다'라고 생각하는 거란다. 이런 상황에서 받는 좋은 제안은 일생에 다시 없을 천운인 것만 같아.

'누구는 월에 천만 원을 번다더라.'
'그 집 정말 대박집인가 봐. 저녁 시간에 손님이 끊이질 않아.'
'그 직장은 정말 편한가 봐. 매일 한가해 보여.'

실상은 어떨까? 월에 천만 원을 번다던 그 사람은 1년 중 한 달만 천만 원을 벌 수도 있어. 대박집이라던 그곳은 마침 그날 지역행사가 있었을 수도 있지. 편하게 일하는 것 같던 그 사람은 사실 매일 야근하고 있을지도 몰라.

이제 좋은 제안의 이면을 살펴야 하는 이유를 알겠니? 그것도 객관적으로 말이야. 무작정 좋은 조건이라는 생각에 이면이 보이지 않는다면, 주변에 조언을 구하렴. 다양한 사람의 생각을 들고 좋은 면과 부정적인 면을 나열하기만 해도 판단에 큰 도움이 돼. 네 주변에 장자와 혜자 역할을 해줄 사람을 찾으라는 뜻이야.

그런데 딸아, 어린 시절에 네가 키 큰 친구든 작은 친구든 모두 다 예쁘다고 한 것은 아마도 모든 일의 좋은 면을 보려는 순수함에서 비롯한 것 아니었을까? 사회생활을 하면서 좋은 면의 이면을 살피는 냉철함이 필요한 것은 맞지만 어쩌면 인생이라는 큰 그림을 그리기 위해서는 희망을 바라는 순수함이 필요한지도 모르겠어.

때론 숨은 이면을 살피는 현명함으로,
때론 희망을 그리는 순수함으로 삶을 살아가렴.

어떤 사람으로
기억될 것인지 정하라

회사 게시판에 알림 글이 하나 올라왔어. 얼마 전 퇴직하신 분의 자녀가 결혼을 한다는 소식이었지. 회사에서 수십 년을 일한 분의 기쁜 소식은 충분히 나눌 만한 이야기이지. 하지만 아무도 그 소식을 언급하지 않았어. 왜냐하면 현역 시절 그분은 정말 대단한 분이었거든. 좋지 않은 의미로 말이야. 윗사람의 비위를 맞추며 아부하기 일쑤이고, 곤란한 일은 어떻게 해서든 책임을 회피하려 했지. 그런 처세술로 직장에서 오래 버틴 걸지도 몰라. 직위를 얻고 인망은 잃은 셈이지.

남의 대소사에 무관심해지는 사회 분위기는 서로의 연결고리가 느슨해지는 것이 원인이기도 해. 작은 단말기와 손가락 하나만 있으면 어떤 정보든 쉽게 얻을 수 있는 시대야. 아빠가 어린 시절에는 궁금한 것이 있으면 온종일 도서관을 뒤져야 겨우 몇 줄 건질 수 있었는데 말이야. 또 요즘은 장을 보러 직접 마트에 가지 않아도 새벽같이 집 앞으로 물건을 배송해주고, 종이의 바스락거리는 감촉을 느끼지 않고도 화면으로 책을 볼 수 있어. 이렇듯 앉은 자리에서 얼마든지 원하는 것을 얻을 수 있게 되자, 더 이상 사람들은 남과 연결될 필요성을 느끼지 못하게 되는 거야.

연결고리가 느슨해지다 못해 끊어져 버리면, 세상의 모든 흐름은 '나'로 시작해 '나'로 끝나게 돼. 적당히 친한 사람의 결혼 그리고 부고 소식은 전혀 신경 쓸 일이 아닌 게 되는 거지. 눈엣가시 같은 사람의 대소사는 무시하다 못해 인상 찌푸릴 일이 되는 것이고.

그럼에도 인간은 혼자 살아갈 수 없는 존재야. 아무리 작은 방 안에서 모든 것을 해결할 수 있다고 해도, 사람다운 삶을 살기 위해선 '정'이 필요해. 혼자 하는 여행의 환상을 품고 막상 떠나면 말할 사람이 그립고, 맛있는 음식을 나눌 이가 그립고, 좋은 경치를 함께 볼 사람이 그리운 법이지. 또 아무리 차가운 이성과 개인주의가 강조되는 시대라 하더라도 정을 나누는 가슴 따뜻한 이야기에 많은 사람이 위로받아.

딸아, 회사도 일하는 곳 이전에 사람과 함께하는 곳이란다. 그러니 직장생활을 하면서도 누군가와는 정을 나눌 수 있도록 관계의 고리를 유지해야 해. 직장생활을 20년을 한다고 가정해 봐. 그사이 네가 만나고 헤어지는 사람은 셀 수 없이 많을 거야. 그런 사람들에게 넌 어떤 사람으로 기억되길 바라니?

아빠는 네가 예의를 지키고 자기 일에 책임질 줄 아는 멋진 사람이 되기를 바란다. 예의 있는 사람은 어디를 가든 환영받아. 일은 조금 서툴지라도 당당하게 책임지는 태도를 가져야 다음의 기회가 찾아오는 법이지. 그렇게 자신을 다져나가면 사람들은 너를 정말 멋진 사람으로 기억할 거야. 아부하는 말로 비위를 맞추지 않아도, 상대에게 도움을 주지 않더라도 말이야.

회사를 그만두고도 너의 소식을 들은 옛 동료 누군가는 연락을 해왔으면 해. 아무리 연결되기를 거부하는 시대라 하더라도 말이지. 그렇게 연락이 닿은 사람은 긴 인생을 함께 걸어갈 소중한 인연이 되는 거란다.

딸아, 지금의 자리를 떠난 뒤 어떤 사람으로 기억되고 싶은지 늘 고민하렴.

그 고민이 너를 한층 더 성숙하게 만들어줄 거야.

그리고 고민에 대한 답을 하나둘 찾아가며 진짜 멋진 사람이 되기를 바랄게.

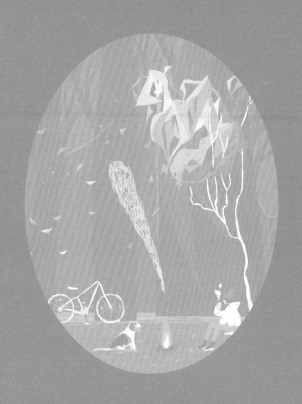

3장

때로는
지치고 흔들릴
너에게

누구나
내 편이 하나도 없는 것 같을 때가 있다

옛날 어느 부자에게 아들이 하나 있었어.

그 아들은 밤낮으로 친구들과 술을 마시고 노는 것을 즐겼는데, 그때마다 아버지는 아들에게 이렇게 말했지.

"아들아, 친구는 함께 즐기는 것보다는 우정으로 사귀어야 한다."

하지만 아들은 아버지의 말을 새겨듣지 않고 여전히 친구들과 술판을 벌이며 놀았어. 어느 날 아버지가 아들에게 물었어.

"아들아, 너에게는 친구가 몇 명이나 있느냐?"

"셀 수 없이 많지요. 그들은 모두 세상에 둘도 없는 벗입니다."

아들은 호기롭게 대답했지.

"그러냐? 그럼, 그 친구들을 한번 시험해봐야겠구나."

아버지는 이렇게 말하고는 아들에게 시장에 가서 돼지 한 마리를 사 오라고 시켰어. 아들이 돼지를 사 오자, 아버지는 돼지의 털을 뽑아 통째로 삶은 후 멍석에 둘둘 말았지. 그날 밤 아버지는 아들을 불러 돼지의 시체가 담긴 멍석을 지게 한 뒤 이렇게 말했어.

"아들아, 네가 말한 가장 친한 친구의 집으로 가자꾸나."

잠시 뒤 친구의 집에 도착하자, 아버지는 아들에게 한 가지 제안을 했어.

"네가 말한 가장 친하다는 친구의 집이다. 네가 실수로 사람을 죽였다고 말하며 몸을 숨겨 달라고 하면 그 친구는 어찌할 것 같으냐?"

"두말할 것도 없이 저를 숨겨줄 것입니다."

그러나 아들의 기대와는 달리 친구는 아들을 집안으로 들이지 않고 내쫓았어. 다른 친구의 집에 재차 들러도 결과는 마찬가지였지.

"이제 이 아비의 친구 집으로 가보자꾸나. 얼굴을 본 지는 좀 되었으나 내 오래된 친구이지." 아버지가 말했어.

아버지의 친구는 오랜만에 찾아온 친구를 반갑게 맞아주었어. 그리고 아버지의 사정을 듣자마자 아버지를 집안으로 들이며 상황을 무마할 방도를 찾으려 고심했지.

이윽고 시체를 자기 집 온돌바닥 밑에 숨기자는 제안과 함께 삽으로 온돌을 깨려고 했어. 아버지는 친구의 진심을 확인한 뒤 크게 웃으며 말했지.

"여보게 친구, 역시 자네는 진정한 친구로군. 이 시체는 사람이 아니라 돼지라네."

그리고 둘은 돼지 요리를 안주 삼아 술잔을 기울이며 그간의 회포를 나눴지.

조선시대 『청구야담』에 실려 있는 이야기로 진정한 친구의 의미를 생각해보게 돼. 자주 어울리지만 허울뿐인 친구보다 어렵고 힘들 때 돕는 친구가 진짜 친구라고 말하고 있어.

사람은 누구나 자신을 먼저 생각하기에 남의 고통을 쉽게 나누려 하지 않아. 너의 사정이 좋지 않을 때 평소 친하다고 여겼던 사람들이 등을 돌리는 것은 어찌 보면 당연한 일이야.

그럴 땐 평소 익숙함이라는 그늘에 가려져 있던 '진짜 소중함'을 찾아보렴. 내 편이 하나도 없는 것 같을 때야말로 일상 속 소중함을 찾을 수 있는 적기이거든. 우리는 늘 곁에 있기에 소중함을 잊고 지내는 존재들이 있어. 가족, 오래된 친구, 하물며 반려동물까지. 조금만 고개를 돌려도 한결같은 눈으로 자신을 바라봐주는 존재들이 있단다.

그런데 어쩌면 네가 잊고 지내는 가장 소중한 존재는 바로 '나' 자신인지도 몰라. 자신보다 남을 먼저 챙기고, 회사 일을 챙기고, 그 와중에 각종 SNS에 올라오는 다수의 일상을 챙기기도 할 테지. 그렇게 자기의 내면이 아닌 외부에 치여 살다 보면 어느 순간 자기 본모습은 잊어버리게 돼.

내 편이라 여겼던 이들이 네 곁을 떠나더라도 괜찮아. 그렇게 소란스러웠던 주변이 조용해지고 너 혼자만의 시간이 주어지게 되면, 처음엔 괴롭더라도 곧 깨달을 수 있을 거야. 스스로를 돌아보고 비로소 너 자신과 친해질 수 있는 시간이 주어졌다는 것을 말이야. 모든 문제의 답은 외부가 아닌 내면에 있기에, 그 누구보다 친해져야 하는 존재는 자기 자신이란다. 두려운 마음도, 속상한 마음도, 일을 그르쳤다는 판단도 모두 자신이 만들어 내고 선택한 거야. 문제를 다른 방향에서 바라보거나 사건의 중심에서 한 발짝 떨어져 보렴. 아마도 대부분의 상황은 네가 생각한 것만큼 심각하지 않을 거야.

딸아, 네가 힘들 때 문을 열어주지 않는 친구의 매정함에 속 상해하지 않아도 돼.

다시 한번 말하지만 그때가 바로 네 삶의 진짜 소중함을 찾을 수 있는 시기거든.

그 시간을 충실히 보낸다면, 삶이 지치는 그 어느 때라도 너 의 부름에 문을 열고 나오는 이는 바로 '너 자신'이 될 거란다.

도전에 앞서
마음을 다스려라

뮈든 아는 만큼 보이는 법이야. 누군가 능숙하게 해내는 일을 단순한 호기심으로 바라볼 땐 특별히 어려운 것이 없어 보여. 그런데 자신이 직접 경험해보고, 시간을 들여 열중할수록 생각보다 쉽지 않다는 걸 깨닫게 되지. 점점 아는 것이 많아지기 때문이야. 그러다 어느 순간 한계에 부딪히게 되는데, 그때는 현재를 뛰어넘어 한 단계 도약하기 위한 준비를 해야 해. 아는 것이 많아져 확장된 시야는 저 멀리 있는 한계선을 선명하게 볼 수 있게 되었어. 그럼, 이제 어떤 준비를 해야 할까?

실력을 키우는 일도 중요하지만 자기 능력을 온전히 발휘하기 위해서는 흔들리는 마음을 다스리는 일이 더 중요해. 아빠가 살아보니 도전을 앞둔 순간 몇 가지 감정이 찾아오더라.

먼저 '설렘'이야.

도전하는 분야가 자기 적성에 잘 맞는 경우에는 남들보다 빠르게 성과를 낼 수 있어. 한계를 맞닥뜨려도 새로운 것을 배우고 익히는 과정에서 기쁨을 느끼지. 그런데 끝없이 성장할 것 같던 사람도 언젠가는 한계에 부딪히게 돼. 도전 앞에서 설렘이라는 감정이 영원할 수 없는 이유이지. 어쩌면 이런 설렘을 느끼는 경험은 일생에 몇 차례 찾아올까 말까 한 귀중한 순간일지도 몰라.

또 다른 감정으로는 '두려움'이 있어.

한계를 뛰어넘기 위해 도전하는 단계에서 느끼는 일반적인 감정은 두려움이야. 본질을 알아갈수록 자신의 부족한 부분에 집중하게 되면서, 생각의 흐름은 자연스럽게 실패하는 모습을 상상하게 되지. 그렇게 약해진 마음은 다음 단계로 올라서기 위해 내딛는 한 걸음을 주저하게 만들어. 결국 두려움이 꼬리에 꼬리를 물고 몸집이 커지면 성공으로 향하는 길목을 완전히 막아 버리게 되는 거야.

그런데 딸아, 설레는 것도 두려운 것도 모두 '잘하고 싶다는 생각'에서 비롯하는 감정이야. 재미 삼아 도전해본 이벤트에는 실렘이나 두려움 같은 감정은 생기지 않아. 단순한 기대감에 마음이 쏠리다가도 뒤돌아서면 금세 잊어버리지. 성공하든 실패하든 상관없이 말이야. 전력을 다해 성장하고 싶은 열망이 있을 때 비로소 설렘도 두려움도 생기는 법이란다.

사실 설렘을 느끼는 것은 큰 문제가 되지 않아. 도전에 앞서 실력을 갖추고 온전하게 성공을 꿈꿀 수 있다면 그저 최선을 다해 상황을 즐기면 되거든. 문제는 두려움이야.

우리는 종종 중요한 시험을 앞둔 사람에게 "긴장하지 말고 평소 실력대로 봐"라고 말하곤 해. 하지만 긴장감 없이 느슨해진 정신 상태로 문제를 풀다 보면, 평소 하지 않던 실수를 하게 되지. 대개 이런 사람들이 "연습할 땐 잘했는데, 난 정말 실전에 약한가봐"라는 말을 입버릇처럼 하는 거란다. 얼어붙은 강물 위를 건널 때 생각 없이 걷다가는 얼음이 깨지는 위기 상황에 빠르게 대처할 수 없어. 어느 정도 긴장하고 주위를 세심하게 살펴야 안전하게 반대편까지 건너갈 수 있단다.

만약 잘하려는 마음에 두려움이 생긴다면, 마음속으로 이렇게 다짐하렴.

"그래, 정신 바짝 차리고 연습하던 대로만 하자."

더 높은 곳으로의 도약을 준비하는 사람에게는 적당한 긴장감이 필요해. 자신을 점검하고 주변을 살피는 그 긴장감이 불현듯 찾아오는 두려움을 몰아낼 거야.
그렇게 마음의 평정을 찾아가렴.

실수는 두려움의 대상이 아니라
배움의 창구다

네가 아장아장 걸어 다닐 무렵이었어. 어느 날 혼자 까르르 웃는 너에게 다가갔더니 아빠의 스마트폰을 물이 담긴 그릇에 넣고 있었지. 물속에서 일렁이는 스마트폰의 화면이 너의 시선을 사로잡았었나봐. 그 순간 아빠의 스마트폰은 너에게 그저 손맛 좋은 놀잇감이었던 거야.

실수도 실수인지를 알아야 정말 실수가 되는 거란다. 상황을 제대로 인지하지 못하면 실수가 오히려 하나의 오락거리가 될 수 있어. 만약 네가 '실수했다'라고 자각한다면, 어느 정도 그 일을 파악하고 있다는 방증이란다. 그러니까 실수를 알아챈 네가 가장 먼저 할 일은 자신을 응원하고 다독이는 일이야.

대개 사람들은 실수한 순간 두려움을 느껴. 작든 크든 실수는 만점이 아니기에 누군가의 질책을 받기도 하고, 금전적 손실이 생기기도 하거든. 이런 실수의 경험이 반복되다 보면 무언가를 시도하는 것 자체를 주저하게 돼. 실수는 뒷일에 대한 걱정을 낳고, 마음에 싹을 틔운 걱정은 어느새 자라나 두려움이 된단다.

알베르트 아인슈타인은 "한 번도 실수하지 않은 사람은 새로운 것을 시도한 적이 없다"고 했어.

맞아, 실수가 두렵다면 어떤 일이든 하지 않으면 돼. 행위 자체가 없으니 실수라는 결과도 생길 수 없지. 대신 무언가를 이뤄 냈다는 삶의 보람 또한 없는 거야. 그러니 실수를 많이 경험했다는 것은 그 사람의 삶이 새로운 도전으로 넘쳐난다는 뜻이란다.

딸아, 무수한 실수를 겪더라도 도전을 멈추지 않는 삶과 실수 없는 완벽한 부동의 삶 중에 어떤 것을 선택할 거니?

아빠는 네가 실수할지언정 새로운 도전을 망설이지 않는 삶을 택하길 바란다. 지난 삶을 되돌아보니, 그 당시에는 수습이 불가능하다고 여겼던 일도 훗날 적절한 때를 만나 자연스럽게 해결되는 경우가 많았어. 또, 영원할 것 같던 실패의 순간도 인생이라는 긴 여정에 잠시 스치는 찰나에 지나지 않음을 깨달았지.

실수는 네가 가는 길을 단단하게 다질 수 있는 기회야.

한 남자가 산을 오르다 낭떠러지를 잇는 나무다리를 마주했어. 남자는 호기롭게 다리를 건너기 시작했지. 그 남자는 이제껏 어떤 다리에서도 넘어진 적이 없었기 때문에 발밑은 살피지 않고 주변 경치만 둘러보며 성큼성큼 걸어갔어. 그런데 다리의 절반을 지날 무렵, 속이 썩을 대로 썩어 있던 오래된 나무다리는 무게를 버티지 못하고 결국 부서져버렸어. 지금껏 다리를 무사히 건넜던 행운이 큰 화가 되어 돌아온 거야.

만약 그 남자가 이전에 한 번이라도 다리를 건너다 넘어진 적이 있었다면 어땠을까? 분명히 다리 이곳저곳을 살피며 안전을 확인했을 거야. 행여 건너기를 결심했더라도 한 걸음 한 걸음 조심스럽게 내디뎠겠지. 그렇게 발밑을 수시로 확인하느라 걸음은 느릴지언정 큰 사고는 피할 수 있었을 거야. 이렇듯 삶에서 겪는 실수는 앞으로 걸어갈 길을 단단하게 다지는 기회라는 걸 잊지 말아야 해.

딸아, 실수를 두려워하지마. 실수가 있어야 배움도 있는 거란다. 부족한 부분을 인지하고 해결법을 찾기 위해 노력하는 과정은 인생의 빈틈을 메울 수 있는 소중한 시간이야.

언제 어디서든 실수를 기쁘게 받아들이는 너를 응원할게.
실수를 딛고 일어설 때 비로소 한 걸음 더 나아갈 수 있다는 것을 기억하렴.

마음의 여유가 없으면
쉽게 휘둘린다

"아빠, 파란 불인데 후진을 하면 어떻게 해?"

너의 말에 흠칫 놀라 차를 살폈지만 다행히 차는 안전하게 잘 멈춰 있었어.

"차가 후진을 했었어?"라는 나의 대답에 너는 의아한 표정을 지으며 말했지.

"내가 계속 창밖을 보고 있었거든. 분명히 우리 차가 뒤로 움직인 것 같았는데…….."

곰곰이 생각해보니 이유를 알겠더라. 우리 차 옆에 서 있던 버스가 신호가 바뀌고 조금 먼저 출발하자, 우리 차가 후진하는 듯한 착각을 일으킨 거야. 버스가 차창을 꽉 채우고 있었기 때문에 그렇게 보이기도 했겠지. 가로수 한 그루만이라도 함께 보였더라면 버스가 움직이는 것을 단번에 알아차릴 수 있었을 텐데 말이야.

우리는 때때로 '내가 그때 왜 그랬지? 지금 생각하면 도저히 이해할 수 없어', '평소의 나라면 절대 그러지 않았을 텐데'라며 후회를 하곤 해. 자신의 평소 습관이나 사고방식으로는 '절대' 하지 않았을 법한 일을 하는 경우는 대개 마음의 여유가 없을 때야. 차창이 버스에 가려져 자신의 차가 움직이는 듯한 착각을 하는 것처럼, 마음에 여유 공간이 없으면 여러 가지 외부 요인에 의해 쉽게 휘둘리게 돼.

SNS에는 누가 더 완벽하고 화려한 삶을 사는지 경쟁하는 게 시물이 쉴 새 없이 올라와. '감성'이라는 구실은 자기 자랑을 거리낌 없이 하기 위한 하나의 도구일 뿐이지. 보기 좋게 꾸며진 삶을 동경하는 사람들은 '좋아요'를 연신 누르며 찬사의 댓글을 쓰기 바빠. 이런 세상의 흐름은 자기 본마음을 돌보지 못하게 생각의 창문을 가려버려.

딸아, 뭔가에 휘둘리는 듯한 생각이 든다면 마음에 여유를 되새겨야 해.

그런데 바쁜 일상에서 느긋하게 여유를 즐기는 일은 생각처럼 쉽지 않을 거야. 성장을 재촉하는 사회 분위기는 젊은 날 아무것도 하지 않는 것을 죄악으로까지 여기곤 하지. 그럼에도 자신의 본모습을 되찾기 위해선 반드시 마음의 여유 공간을 만들어야 한단다.

아빠가 추천하는 방법은 바로 '걷기'야.

"진정 위대한 모든 생각은 걷기로부터 나온다"는 프리드리히 니체의 말처럼, "걷는 동안 생각은 분명해진다"는 토마스 만의 말처럼 걷기 하나만으로도 너를 이리저리 휘두르는 마음의 잡념을 덜어낼 수 있어. 내딛는 발걸음의 규칙적인 리듬이 마구잡이로 흔들리는 마음을 안정시켜 주지. 또, 중간중간 눈에 들어오는 다양한 풍경을 통해 어지러운 머리를 환기할 수 있어.

너의 걸음을 따라 함께 걷는 사람이 없더라도 괜찮아. 오롯이 혼자 걷는 길은 깊은 사색을 가능하게 하고, 걷기로 잔잔해진 마음의 호수에 허리를 숙여 자신을 비춰볼 수 있게 해주거든. 흐르는 물에는 얼굴을 비춰볼 수 없는 법이야. 누군가 너의 마음에 돌을 던져 물결이 일렁이고 있다면 어디든 걸어보자. 걸음마다 몸은 흔들릴지언정 마음만은 편안히 가라앉을 거란다.

딸아, 정신없이 흘러가는 일상에서도 시간을 내어 자신을 돌봐야 해.

걷기로 마음의 안정을 찾고, 그렇게 만들어진 여유 공간에 너만의 가로수 한 그루를 심어보렴. 그렇게 뿌리내린 가로수는 아무리 큰 버스가 네 옆을 지나더라도, 꿋꿋하게 마음의 중심을 잡아줄 거야.

비로소 휘둘리지 않는 온전한 너로 살아갈 수 있을 거란다. 그렇게 진짜 네 모습을 찾아가렴.

차근차근 지금 할 수 있는 일을
하면 된다

"아빠, 파이팅! 아빠, 파이팅!"

아빠는 한때 사회인 야구에 진심이었어. 포지션은 투수였는데, 기억나니? 네가 어릴 때 종종 아빠의 경기를 보러 와서 앙증맞은 목소리로 응원을 해줬었지.

야구 경기에서 투수가 갖춰야 할 능력은 뭘까? 프로야구였다면 '구속'은 빼놓을 수 없는 투수의 자질 중 하나일 거야. 하지만 보통 아저씨들이 하는 사회인 야구에서는 빠른 공을 던지는 투수보다 '제구력'이 좋은 투수를 선호해. 아무리 빠른 공이더라도 원하는 곳으로 던질 수 없는 공은 그저 피해야 할 흉기에 가깝거든.

제구력 좋은 투수가 되기 위해서 부단히 노력했지만 정말 쉽지 않았어. 투수판에서 포수 미트까지 거리는 18.44m야. 투수판에 올라서면 꽤 멀게 느껴지는 거리이지. 다양한 방법을 시도해 봤지만 모두 큰 효과가 없었어. 그러다 이런 방법을 시도해봤어. 바로 2m 떨어진 지점에 가상의 원을 그려놓고, 그 안으로 공을 던지는 방법이야. 일단 목표 지점이 2m 앞으로 당겨지자 어느 정도 마음의 부담을 덜 수 있었어. 그리고 투수 미트로부터 가상의 선을 이어와 제대로 원을 그리기만 하면, 그곳을 통과 한 공은 무난하게 포수 미트로 들어갔지.

그때 아빠는 깨달았어. 목표를 이루기 위해서는 눈앞의 할 수 있는 일을 하는 게 먼저라는 것을 말이야.

딸아, 높은 계단을 올라본 적 있니? 끝없이 이어진 계단의 정상을 바라보며 걷다 보면 금세 힘이 빠져. 한참을 걸어도 도무지 가까워지지 않는 종착지에 좌절감마저 들 거야. 결국 체력이 부족해서가 아니라 마음의 힘이 다해서 오르기를 포기해 버리는 거야.

그런데, 발을 들어 눈앞의 '한 계단'을 오르는 일은 어떻니? 약간의 체력만 있다면 어린아이도 할 수 있는 아주 쉬운 일이야. 이렇듯 높은 계단의 정상에 오르는 일은 눈앞의 계단을 오르는 일의 반복이란다.

어려운 일일수록 지금 네가 할 수 있는 일에 집중해야 해.

시작점에서 바라본 종착점은 더없이 멀게만 보이는 법이야. 어렵고 힘든 일일수록 막막함은 커지지. 그럴 땐 종착점을 향하던 시선을 거두고, 손닿는 거리에 있는 네가 할 수 있는 일을 찾으렴. 한 계단을 오르는 일이 사소해 보이더라도 그것부터 성실히 해야만 정상에 오를 수 있어. 노자도 『도덕경』에서 "아름드리

나무도 털끝 같은 싹에서 생겨나고, 9층의 누각도 한 줌 흙이 쌓여서 세워지며, 천 리 길도 한 걸음에서 시작된다"라고 말하며 사소한 것의 중요성을 강조했어.

다만, 이 모든 과정은 '올바른 방향성'을 갖고 있어야 해.

아무리 먼 종착점이라 하더라도 어렴풋하게나마 보이는 형상을 좇아서 방향을 잘 설정하라는 말이야. 눈앞의 계단을 오르는 일은 중요하지만 잘못된 방향으로 나아간다면 정상은 점점 멀어질 테니까.

딸아, 언제 어디서든 방향성을 잃지 않을 감각을 키우고, 지금 네가 할 수 있는 일을 성실하게 해나가렴. 그렇게 차근차근 만들어가는 너의 길은 언젠가 정상으로 이어질 거야.

문제를 너무 가까이서 바라보면
매몰된다

딸아, 아빠는 네가 태어난 이후 지금까지 독서에 진심을 다하고 있어.

쌓여가는 책이 마치 둑 터진 듯 서재를 어지럽히고 있었지. 시간을 내어 정리하겠다는 생각이 있었지만 좀처럼 실천이 어렵더라. 더 이상 미룰 수 없는 지경에 다다라서야 넉넉한 크기의 책장을 주문했어. 그런데 책장 도착 전까지 마구잡이로 쌓여 있는 책을 정리하는 것이 먼저라는 생각이 들었지.

'분야별로 정리할까? 아니면 크기별로? 그것도 아니면 색깔별로?'

그래서 일단 소설, 수필, 자기 계발 등 분야별로 책을 구분했어. 그리고 다시 크기별로 그리고 두께별로 그다음은 한글 자음 순으로, 없는 기준도 만들어가며 몇 시간 동안 책을 정리했지. 일단은 아주 만족스러웠어.

그런데 문제가 생겼지. 오히려 너무 세심하게 책들을 구분해 놓은 탓에 한눈에 들어오지 않는 거야. 그래서 정리를 멈추고 책장 앞에 서서 고민하기 시작했어. 고민을 거듭할수록 머릿속이 복잡해지더라. 이러다간 오늘 안에 책장 정리를 끝내지 못할 수도 있다는 생각이 들었지.

일단 손에 잡히는 대로 꽂아보자고 마음을 굳히고 책장을 채우기 시작했어. 그리고 네 엄마가 방에 들어왔을 때 아빠는 아직도 정리를 끝내지 못한 책장을 보여줘야 해서 머쓱해하고 있는데, 의외의 말이 들려왔어.

"너무 깔끔하고 보기 좋은걸요?"

집 전체를 기준으로 보면 책장은 그저 '책이 꽂혀 있는 수납장' 정도의 의미를 가져. 더군다나 책이 빈틈없이 채워진 책장은 '잘 정리된 하나의 물체'일 뿐이고. 결국 책을 온갖 기준으로 나눠 정리하려던 욕심은 좁아진 시야가 만들어낸 아빠만의 허상이었어.

달팽이 뿔 위에서 다툰다는 와각지쟁(蝸角之爭)은 『장자』에서 유래한 사자성어로, 세상일은 달팽이의 더듬이 위에서 싸우는 일처럼 보잘것없다는 뜻이야. 달팽이를 본 적이 있지? 달팽이의 더듬이는 눈을 가늘게 뜨고 살펴봐야 형태를 알아볼 수 있을 정도로 작아. 상상해보렴. 달팽이의 더듬이 위에 올라설 정도의 존재라면 얼마나 작을지를. 그들이 서로 목숨을 걸고 싸운다 한들, 인간 세상에는 아무런 영향이 없지.

딸아, '인생은 고통'이라고 할 만큼 삶 도처에 걱정거리가 넘쳐 나. 걱정이 밀려올 때마다 문제를 한 발짝 떨어져 바라볼 수 있는 지혜를 갖기를 바란다. 아빠가 '잘 정리된 책장'을 보지 못하고 분류되지 않은 '책'에 집착해 일을 그르쳤다고 자책했던 것처럼, 걱정거리는 조금만 범주를 확장해 바라보면 생각보다 쉽게 떨쳐버릴 수 있단다.

그러니 걱정을 히더라도 바짝 다가서지 말고 한발 물러나 걱정하렴. 조금 더 힘이 있다면 작은 동산에라도 올라 걱정해봐.

그렇게 떨어져 바라본 걱정은 일상의 크고 작은 일에 희석되어 더 이상 흔적을 찾을 수 없을 테니까.

너 자신을 위해서
하는 일들을 늘려가라

정신없는 일상에 자신을 잊고 살 때가 있어.

    직장생활을 하고 가정을 이루다 보면 다양한 역할을 소화해야 해. 하루 24시간은 변함없는데 해야 할 일은 많아지니, 자신을 돌볼 시간은 턱없이 부족해지지. 여유롭게 자신을 챙기는 일은 인생이라는 여정의 정점을 지난 뒤에야만 가능한 일이라는 생각까지 들어. 그런데 팍팍한 일상을 핑계로 자신을 돌보는 일을 소홀히 하면 어떻게 될까?

젊은 날 주어졌던 역할이 끝난 뒤, 인생 후반기에 남은 것은 '남을 위해 헌신한 삶'뿐이라는 사실에 뒤늦은 후회를 할지도 몰라. 그러니 시간이 부족하다고 느낄수록 적극적으로 자신을 돌봐야 해.

'열심히 일한 당신, 떠나라!'

오래전 TV 광고 문구야. 이 짧은 문장은 일에 매몰되어 내달리듯 살아가는 사람들에게 강렬한 인상을 남기며 오래도록 회자되었지. 인간이라면 누구나 자신을 위한 삶을 살고자 하는 열망을 마음속에 품고 살아가. 그 꿈을 이루는 시작점은 바로, 자신을 위한 일을 하나씩 늘려가는 거란다.

그럼 자신을 위한 일에는 어떤 것이 있을까? 가장 쉽고 즉각적인 효과를 볼 수 있는 것은 바로 '물질적 보상'이야. 어린 시절, 평소 갖고 싶었던 장난감을 선물 받은 기억이 있을 거야. 아마도 선물을 손에 받아 든 순간, 넌 세상 모든 것을 가진 듯 행복한 표정을 짓고 있었을 테지. 그런데 구체적으로 어떤 장난감을 받았는지 기억하니? 그저 어렴풋하게 '좋았던 느낌'만 떠오르진 않니?

이렇듯 물질적 보상이 주는 행복감은 쉽게 얻을 수 있는 만큼 금세 잊히지. 또, 자신을 위한 일의 초점을 물질에 맞추다 보면 이전보다 같거나 부족한 보상에는 아무런 감흥을 느끼지 못하게 돼. 결국 자신을 위한다는 구실로 명품 가방이나 외제 차 등을 사는 것은 끝을 모르는 욕망의 불씨만 지피는 셈이 되는 거야.

그렇다면 처음 놀이동산을 갔던 날의 기억은 어떻니? 맑은 하늘과 흩날리던 벚꽃, 회전목마를 타고 엄마에게 손을 흔들던 순간, 급하강하는 놀이기구에 가슴이 철렁했던 일, 처음 운전해 본 범퍼카, 코끝이 차가워질 만큼 시원했던 아이스크림. 모두 어제 일처럼 생생하지 않니? 경험을 통해 얻는 만족감은 두고두고 떠올려도 그 가치가 줄어들지 않지. 작은 일이라도 너에게 경험을 선물하는 일들을 늘려가렴.

지금 바쁘다는 핑계로 자신을 방치해선 안 돼. 남을 위한 일만 하다가는 뒤늦게 찾아오는 공허함에 중심을 잃고 방황할 수 있거든. 어떻게든 시간을 내어 행복을 느끼는 경험을 많이 하렴. 그래야 훗날 너만의 시간을 갖게 됐을 때 방황하지 않고 온전한 인생을 살아갈 수 있어.

때론 좋아하는 음악을 듣고, 좋아하는 영화를 보고, 좋아하는 장소에 가는 거야. 조금 더 시간이 된다면 혼자 여행을 떠나는 것도 좋아. 지금 너의 역할을 모두 내려놓고 홀가분하게 떠나보렴. 그동안 네가 짊어지고 있던 것들이 생각보다 무겁지 않다는 것을 깨달을 수 있어. 네가 자리를 비워도 모든 일상은 순조롭게 흘러가거든. 어쩌면 서운한 마음이 들 정도로.

그러니 딸아, 마음 놓고 너를 위한 일을 하렴.

어쩌면 바쁜 일상에 치여 사느라 자신이 좋아하는 일이 무엇이었는지 잊어버렸을지 몰라. 혹시, '바람길'이라고 알고 있니? 산 능선을 따라 흐르는 바람은 눈에 보이지는 않지만 저마다 다니는 길이 있다고 해. 일정한 길로 다닌다는 바람이 신묘하게 느껴졌어.

딸아, 잊고 살았던 너만의 바람길을 찾아보렴. 네가 바라는 것들은 지금 눈에 보이지 않을 뿐 마음속 어딘가에 존재하며 언제든 바람이 되어 길을 나설 준비를 하고 있을 거야.

그렇게 네 마음속 바람길을 하나씩 찾아서 이어나가다 보면, 일상은 너를 위한 일들로 채워질 거란다.

인생의 우선순위는
항상 '나'여야 한다

누군가의 조건 없는 선의에 고마움을 표하는 사람이 있는가 하면, 더 큰 것을 바라며 투덜거리는 사람도 있기 마련이야. 그러니 재능을 나누거나 기부금을 내는 것도 먼저 자신을 챙긴 뒤에 생각해볼 일이란다.

어느 마음씨 좋은 식당 주인이 매달 하루를 정해 형편이 어려운 사람들에게 무료로 식사를 제공했어. 따뜻한 밥을 얻어먹은 사람들은 진심으로 고마워했지. 얼마의 시간이 흐른 뒤, 불황으로 식당 운영이 어려워진 주인은 무료 식사 제공을 그만둬야 했어. 그동안 연신 고마움을 표하던 사람들은 그 말을 듣고 어떤 반응을 보였을까? '지금껏 무료로 밥을 얻어먹은 것만 해도 감지덕지'라며 재차 식당 주인에게 감사 인사를 했을까? 아니었어. 당연히 밥을 얻어먹으리라는 기대를 안고 식당에 들른 사람들은 예상치 못한 주인의 말에 자신의 권리를 박탈당한 듯 속상해했어. 그중에는 어서 밥을 내놓으라며 화를 내는 사람도 있었지.

누군가의 호의에 감사하는 마음은 시간이 지나면 무뎌지기 마련이고, 그 호의가 반복되면 원래 자신이 누려야 할 권리처럼 느껴지게 돼. 그러니 자신을 돌보지 않은 채 선행을 베푸는 일은 정말 어리석은 짓이란다. 만약 식당 주인이 자신의 가게를 먼저 돌보고, 큰 손해가 나지 않는 선에서 식사를 제공했다면 어땠을까? 적어도 화풀이의 대상이 되는 일은 없었을 거야.

때론 나누는 기쁨에 중독되어 자신의 수익 대부분을 기부하기도 하고, 심지어 남을 돕기 위해 빚을 내는 사람도 있어. 여유 시간을 온통 봉사활동에 쓰는 사람도 있고. 그런 사람들은 과연 행복하다고 말할 수 있을까? 아빠의 대답은 "절대 아니다"란다.

올바른 베풂은 자신을 온전히 챙길 수 있어야 가능한 일이라는 것을 명심하렴.

일을 할 때도, 사람을 대할 때도, 가정을 꾸려나갈 때도 가장 중요한 사람은 바로 '자신'이야.

몸 상태를 생각지 않고 쉬지 않고 일을 하다 보면, 자칫 큰 병을 얻어 휴직해야 할 수도 있어. 회사로서는 갑작스러운 직원의 공백으로 업무 추진에 차질이 생기겠지. 또, 자신의 기분을 살피지 못한 상태에서 떠난 가족여행은 즐거울 일 하나 없는 고행길이 되는 거야. 덩달아 함께한 가족도 감정이 상하게 되지. 여유 시간이 없는데도 무리해서 야학 선생님을 자원한다면 어떻게 될까? 개인 일정과 겹쳐 수업 시간을 맞추기 어려운 상황이 생길 테고, 그 피해는 고스란히 학생들에게 돌아가게 돼. 시작은 선한 마음이었을지라도, 자신을 챙기지 못한 잘못이 선행의 의미를 퇴색시키는 거야.

모든 것의 우선순위를 '나'로 두고 상황을 살피다 보면, 차츰 자신의 역량을 알게 돼.

자신의 역량을 안다는 것은 어떤 일을 해낼 수 있는 능력뿐만 아니라 그 한계점까지 알 수 있다는 것을 의미해.

한계점을 알아야 자기 능력을 마음껏 발휘할 수 있는 '최적의 지점'을 알 수 있어. 자신의 한계를 가늠하지 못하면 능력 밖의 일에 매달리다 큰 시련을 겪을 수도, 막연한 두려움에 자기 능력을 제대로 발휘하지 못할 수도 있지. 그러니 자신의 한계점을 제대로 알아야 온전한 능력 안에서의 베풂도 가능한 법이란다.

딸아, 어떤 일이든 우선순위는 자신이야.

그 순위는 변하지 않는다는 것을 명심하렴.

그렇게 자신을 알아가고, 능력 안에서 마음껏 베푸는 네가 되기를 바란다.

고민 없는 삶이
더 위험하다

'걱정을 해서 걱정이 없어지면 걱정이 없겠네.' 티베트의 속담이란다. 여기서 '걱정'을 '고민'으로 바꾸면 이렇게 돼. '고민을 해서 고민이 없어지면 고민이 없겠네.' 문장을 있는 그대로 해석하면 고민이 없었으면 좋겠다는 뜻이야. 그런데 아빠는 이렇게 한 번 더 바꿔보려 해.

'고민을 해서 고민이 많아지면 고민이 없겠네'라고. 고민을 해서 고민이 많아지는 게 왜 고민이 아닐까?

아빠는 젊은 날, 지인들 사이에서 고민 없이 사는 걸로 유명했어. 그야말로 인생을 물 흐르듯 살아갔지. '고민 없는 인생이 최고'라며 일상에서 겪는 소소한 고민조차 의식 너머로 흘려버리려 노력했어. 그 당시엔 정말 마음이 편하다고 생각했지. 그런데 직장을 잡고 가정을 이루면서 삶의 크고 작은 일들이 늘어나자, 그때까지 꿈꿔왔던 고민 없는 인생은 그저 인생을 무책임하게 방치하는 일이라는 것을 깨달았지. 그래서 그때부터 아빠는 적극적으로 고민하기 시작했어. 그리고 고민을 하나둘 헤쳐 나가며 성장할 수 있었지.

고민은 전문가가 되기 위한 가장 빠른 길이야.

어떤 일을 할 때 좀 더 효율적인 방법을 찾기 위해서 제일 먼저 하는 것이 뭘까? 상황을 파악해가며 그동안 경험하고 익힌 지식을 접목하는 과정. 바로 고민이야. 고민하는 사람과 고민하지 않는 사람은 일을 대하는 자세뿐만 아니라 만들어내는 결과물에도 많은 차이가 생겨. 고민하는 과정에서 더 많은 노하우를 쌓게 되니 그 차이는 점점 더 벌어지지.

고민은 생각의 다양성을 키워준단다.

생각이 꽉 막힌 기성세대를 꼰대라고 부르지? 자신이 알고 있는 것을 세상의 진리인 것처럼 남에게 강요하는 사람은 고민이 부족한 사람이야. 어떤 현상이나 문제점에 대해 고민하다 보면 나름의 결론에 다다르는 때가 있어. 거기서 고민을 멈춘다면, 자신만의 편협한 생각에 갇혀 시야가 좁아지게 돼.

그런데 현명한 사람의 진짜 고민은 그때부터 시작이야. 고민에 고민을 거듭하다 보면, 문제의 해결책이 하나가 아니라는 것을 깨닫게 되지. 적당한 고민에 적당한 결론을 내리고, 그것이 세상의 진리라며 강요하는 꼰대가 되지 않기 위해서는 더 많이 고민해야 해.

고민은 좋은 사람을 끌어당겨.

평소 고민하는 습관으로 사고가 확장된 사람들은 묻는 것을 두려워하지 않아. 서로 다른 생각을 틀림이 아닌 다름으로 인정하기에, 자신이 볼 수 없는 영역을 무지(無知)로 여기지 않고 상대의 의견을 받아들일 수 있는 거지. 고민을 해결하기 위해 망설임 없이 질문하다 보면, 다양한 생각을 가진 좋은 사람을 많이 만날 수 있단다.

딸아, 이제 고민을 해서 고민이 많아지면 고민이 없겠다는 문장의 진정한 의미를 알겠니? 고민을 많이 하기 위해 고민하렴. 크고 작은 고민을 헤쳐 나가다 보면, 어느새 몸도 마음도 커져 있는 너를 발견할 수 있을 거란다.

그렇게 진짜 고민을 통해 더 넓은 세상을 품을 수 있기를.

마음이 지치지 않기 위해서는
체력도 중요하다

몸의 건강뿐만 아니라 정신의 건강도 중요해. 겉으로 보기에 멀쩡한 사람도 마음의 병이 깊으면 온전하게 살아갈 수 없어. 정신과를 찾는 사람 중 보기 드문 직업의 하나가 '헬스 트레이너'라고 해. 눈으로 보이는 탄탄한 육체만큼이나 강인한 정신력을 갖고 있다는 방증이겠지. 몸을 단련하고 체력을 키우는 일은 곧 마음을 돌보는 일이란다. 체력은 하루아침에 늘지 않아. 꾸준한 노력이 필요하지. 네가 체력을 키우기로 마음먹었다면, 가장 먼저 할 일은 바로 몸을 가볍게 하는 일이야.

"행복하게 여행하려면 가볍게 여행해야 한다"는 앙투안 생텍쥐페리의 말이 있어. 여행길을 떠올려보렴. 먼 곳일수록, 여행 일정이 길수록 짐가방의 크기는 커지지. 어쩌면 여행의 즐거움을 떠올리기보다 무거운 짐을 짊어질 생각에 고단함을 느낄지도 몰라. 짐을 최대한 줄이고 체력을 아껴야 여행의 즐거움을 제대로 만끽할 수 있어.

일상에서도 짐을 줄여보렴. 지금 당장 가방을 열어서 불필요한 물건들을 덜어내는 거야. 가방 자체가 무겁다면 가벼운 재질의 가방을 새로 마련하고, 불편한 신발은 편안한 것으로 바꿔 신고, 되도록 품이 넉넉한 옷을 입고, 거추장스러운 장신구는 풀어버리렴.

자, 어떻니? 가벼워진 발걸음만큼이나 마음도 편안해지는 것이 느껴지니? 이렇듯 불필요하게 쓰이는 체력을 아끼면 일상의 기분을 관리할 수 있는 마음의 여유가 생겨나.

평생 즐길 수 있는 운동을 찾으렴.

여유시간에 운동하는 사람이 있는가 하면, 정적인 휴식을 즐기는 사람도 있지. 저마다의 쉼의 방식이 있지만 긴 인생을 두고 봤을 때 평생 즐길 수 있는 운동 한 가지는 반드시 가지고 있어야 해. 모두가 알고 있듯 운동은 인간의 수명을 늘려줘.

한 설문조사 결과를 보면, 평생 테니스를 꾸준히 친 사람의 경우 그렇지 않은 사람보다 평균 10년을 더 살았다고 해. 이는 눈에 보이는 산술적인 수치 이상의 의미가 있어. 건강하지 못한 사람은 인생 후반기에 심각한 병을 앓거나 거동이 불편한 채로 수년을 보내게 돼. 그래서 평생 운동을 찾느냐 찾지 못하느냐는 인생 후반기를 활동이 가능한 상태로 밝고 건강하게 지낼 수 있느냐를 결정짓는 중대한 문제란다.

또, 때로는 생각의 속도를 늦추렴.

어떤 일을 할 때 마음이 지치지 않게 도와줘. 그런데 좀처럼 꺾이지 않는 의욕은 자칫 자신을 과도하게 채찍질해 앞으로 내달리게 만들지. 아무리 강인한 체력을 가지고 있다 하더라도 무리한 일상이 반복되면, 언젠가는 모든 에너지를 소진해 '번아웃' 상태에 이르게 돼. 이때 필요한 것은 생각의 속도를 늦추는 거란다.

꾸준한 운동으로 체력을 키우면서도 일상이 버겁지는 않은지 늘 점검해야 해. 과부하되지 않도록 생각의 속도를 늦추고 체력을 비축해두는 거지.

딸아, 몸을 가볍게 하고 평생 즐길 운동을 찾으렴. 꾸준히 실천하다 보면 늘어난 체력만큼 지치지 않는 마음으로 누구보다 단단한 인생을 살아갈 수 있을 거야. 때론 속도를 높여 내달리는 마음을 몸이 잘 따라오는지 고개를 돌려 확인해보는 것도 잊지 말고. 그렇게 몸과 마음의 균형을 이루는 삶을 살아가렴.

시간 날 때 쉬지 말고
휴식도 루틴에 넣어라

'육체노동은 왜 운동이 되지 않는가?'에 대한 고민을 해본 적이 있어. 노동과 운동은 몸을 쓴다는 점은 같아. 하지만 노동이라는 단어를 떠올리면 되레 피곤함만 느껴지지. 왜 노동은 신체를 단련하는 운동과 다른 걸까?

먼저 노동은 일의 한 과정으로 대개 자유의지를 기반으로 하고 있지 않아. 그래서 노동을 통한 신체활동이 운동보다 심적으로 더 쉽게 지치게 돼. 또, 노동은 잘못된 자세에서 적정한 휴식을 얻지 못하고 몸을 움직여야 하는 경우가 많아서 부상의 위험이 잦아. 그래서 아무리 노동으로 몸을 많이 움직인다고 하더라도, 건강을 유지하기 위해서는 계획적인 운동이 반드시 필요해.

휴식도 마찬가지야. 시간 날 때 쉬는 것은 노동이 운동이 되지 않는 것처럼 온전한 휴식이 될 수 없어. 예상치 못한 순간 주어지는 휴식은 준비되지 않았기에 제대로 즐기지 못할 때가 많아. 그러니 하루의 일정 시간 또는 매월 일정한 날을 정해 몸과 마음을 충전하는 시간을 가지렴.

루틴이 된 휴식은 더 큰 한 걸음의 원동력이 되어줘.

나이를 먹어가며 늘어나는 역할 속에서 생각은 많아지고 마음을 돌볼 시간은 점점 줄어들어. 이때 규칙적인 휴식 시간을 만들어둔다면, 잠시나마 생각을 정리하고 주변을 돌아볼 여유를 찾을 수 있어. 쉼 없이 뭔가를 하고 자신을 다그쳐야 한 걸음 나아갈 수 있을 것 같지만 사실 더 큰 도약을 위해 필요한 것은 휴식이야.

레프 톨스토이의 단편소설 『사람에게는 얼마나 많은 땅이 필요한가?』에서는 어느 날 주인공에게 일생일대의 기회가 찾아와. 해가 뜰 때 걷기 시작해서 자신이 밟고 지나간 땅을 모두 가질 수 있는 기회. 그런데 여기엔 반드시 해가 지기 전까지 다시 출발 지점으로 되돌아와야 한다는 조건이 붙었어. 더 많은 땅을 차지하기 위해 앞만 보며 걷던 남자는 해가 질 무렵이 되어서야 출발 지점으로 되돌아가기 시작해. 쉬지 않고 달려 가까스로 되돌아오지만 극심하게 체력을 소비한 탓에 결국 쓰러져 죽고 말지. 이 하루를 인생으로 펼쳐서 보면, 앞만 보며 내달리던 자신을 멈춰 세우고 지금 자신이 서 있는 자리를 살펴볼 줄 아는 틈이 필요하다는 걸 알 수 있어.

딸아, 삶의 루틴에 휴식을 적절하게 넣어두렴. 그래야 자신의 한계치를 넘어 내달리는 마음을 다독일 수 있단다. 때때로 자신이 어디를 향해 가고 있는지, 지금 서 있는 곳은 어디인지, 발밑은 안전한지를 확인할 수 있어야 해. 그리고 해가 지기 전까지 안전하게 돌아갈 수 있는지도 말이야.

4장

인간관계에
관하여

'진짜 동기부여'를 주는 사람과
가까이 지내라

　자신의 공적을 공연히 자랑하는 사람을 경계해야 해. 공적을 자랑하는 사람 중에는 말뿐인 사람이 많거든. 이런 사람들은 대개 자신의 삶을 스스로 만족스럽지 않다고 여기기에 작은 성과라도 남에게 자랑하기 바쁘지. 반면 말없이 자기 일을 묵묵히 하는 사람이 있어. 남에게 보여주기 위해서가 아니라 오로지 자신이 세운 목표를 이루기 위해 노력하는 사람, 이런 사람들은 자신의 공적을 부풀리거나 공연히 자랑하지 않아. 딸아, 네가 자극받고 본받아야 할 사람은 후자야. 주변을 잘 살펴 그런 진주 같은 사람을 찾아내렴.

그런데 사회생활을 하다 보면, 종종 자기 능력을 거창하게 포장하는 사람이 잘 되는 경우가 있어. 대부분 운 좋게 시대의 흐름에 잘 편승한 사람들이지. 그런데 겉은 번지르르해 보여도 정작 자세히 들여다보면 실속이 없는 경우가 많아. 유행을 읽어내는 것도 능력이라면 능력이겠지만 그런 운은 하루가 다르게 변하는 요즘 같은 시대엔 오래가기 힘들어.

'보디 프로필 찍기', '미라클 모닝 실천하기', '골프, 테니스 등 유행하는 운동 배우기', '배낭 메고 세계 일주 떠나기', '디지털노마드 되기' 등 조금만 주위를 둘러봐도 따라 해볼 만한 흥미로운 것들은 부지기수야. SNS에 쉴 새 없이 올라오는 감성 가득한 사진과 영상들은 이런 흐름을 더욱 부추기지. 그래서 요즘 사람들은 자기 계발을 마치 하나의 놀이처럼 여기며 집중의 대상을 수시로 바꾸곤 해.

아마 네 주변에도 유행을 좇아 자기 계발에 열중하는 사람이 있을 거야. 그런 사람들을 보며 '정말 인생을 알차게 살고 있구나. 나도 따라 해볼까?'라고 생각하고 있진 않니? 다시 말하지만 네가 자극받고 본받아야 할 사람은 남들에게 보여주기 위해 노력하는 사람이 아닌 실력을 쌓아 자신만의 목표를 이루는 사람이야. 그래서 아빠는 네가 '진짜 동기부여를 주는 사람'을 알아보는 안목을 기르기를 바란다.

'공연히 자랑하지 않는 사람', '유행에 크게 휘둘리지 않는 사람', '상황의 숨은 뜻을 알아채기 위해 고민하는 사람', '대답을 쉽게 하지 않는 사람', '자기 확신에 빠지지 않고 늘 열려 있는 사람', 그리고 더 나아가 '자신이 원하는 목표를 세우고, 그것을 이루기 위해 적어도 수년은 투자할 수 있는 사람'. 그런 귀인을 알아보고, 그들에게서 자극받아야 해.

네가 어렸을 때 민속촌 견학을 다녀온 뒤 이런 말을 한 적이 있어.

"아빠, 선비들이 불쌍해요."

내가 이유를 묻자, 너는 이렇게 대답했지.

"선비들은 해도 뜨지 않은 새벽에 일어나 책을 읽고, 아침을 먹은 뒤 또 책을 읽고, 잠시 손님맞이를 한 뒤 또 책을 읽는대요. 물론 점심을 먹고 나서도 책을 읽고요. 종일 책을 읽느라 놀이터에도 못 가고, 너무 불쌍해요."

그런데 지금 옛 선비들의 일과를 떠올려보면 어떤 생각이 드니? 아빠는 '대단하다'라는 생각밖에 들지 않는구나. 지금처럼 자기 계발 분야가 다양하지 않았기에, 독서를 통한 성장이 유일한 길이었을지도 몰라. 그래도 옛 선비들의 꾸준함과 실천력은 본받아 마땅해. 특히 요즘같이 한 가지 일에 수년, 아니 수개월을 몰입하기 힘든 시대에는 더더욱 필요한 덕목이지.

어쩌면 "한 우물만 파다가 시대의 흐름을 놓쳐 낙오자가 될지도 몰라요"라고 반문할지도 모르겠구나. 그런데 아빠가 살아보니 자신이 정한 목표를 이루기 위해 성실하게 노력하는 사람은 대개 겸손하고 열린 자세를 갖고 있었어. 뚜렷한 자기 주관과

열린 생각으로 시대의 흐름만을 쫓는 사람들보다 변화에 잘 대응해 나갔지.

딸아, 이처럼 묵묵히 내면의 성장을 이루다 보면, 시대를 관통하는 인생의 지혜가 쌓이는 법이란다.

그러니 '진짜 동기부여'를 주는 사람을 만나 '진짜 성장'을 이룰 수 있기를.

잘 들어주는
사람이 되어라

삶에서 겪는 시련은 종류도 다양하고 고통의 크기도 천차만
별이야.

사술에 속아 경제적 피해를 보는가 하면, 불의의 사고를 당해
크게 다치기도 하지. 그런데 이런 다양한 시련들은 예외 없이 치
유되기 힘든 마음의 상처를 남긴단다. 큰 손해를 입었다고 해도
마음에 아무런 타격이 없다면, 시련이 아닌 거야.

어찌 보면, 시련은 '마음의 상처'의 다른 표현인지도 모르겠

구나. 그러니 시련을 마주했을 때 피해의 복구보다 시급한 것은 바로 마음을 추스르고 다독이는 일이란다. 이때 속내를 털어놓을 수 있는 사람이 주변에 있다면, 시련을 극복하는 데 그 어떤 것보다 큰 도움이 될 거야.

힘들어하는 누군가의 이야기를 듣고 사람들은 여러 가지 반응을 보여.

상대의 고민에 관해 어떻게 해서든 해결책을 제시하려는 사람이 있어. 대개 상대방이 겪고 있는 상황과 비슷한 경험을 했던 사람이 보이는 반응이지. "내가 겪어봐서 아는데"라는 말로 시작해 여러 가지 대안을 제시하며 열변을 토하기도 해.

그런데 상대방은 비슷한 경험을 했을 뿐이지, 당사자가 겪고 있는 상황을 하나부터 열까지 똑같이 경험한 것은 아니야. 상황의 구체적인 요소가 다르고, 서로의 여건이 다르기에 해결법도 다를 수밖에 없어. 오히려 상대방이 제시한 해결책이 그대로 적용되는 일은 기적에 가까워.

또, 상대의 말을 들어주며 그저 안아주는 사람이 있어.

현명한 사람이라고 할 수 있지. 시련이라는 난제의 풀이법은 그 누구도 아닌 당사자가 가장 잘 알고 있기에, 남의 조언은 복잡한 머릿속을 헤집어놓을 뿐이야. 그러니 입은 다물고, 상대방을 안아주는 것이 마음의 상처를 다독이는 가장 현명한 방법이란다.

딸아, 아빠는 네가 '해결책을 제시하는 사람'이 아닌 '잘 들어주는 사람'이 되었으면해. 누군가가 네게 찾아와 고민을 말한다면, 해결책을 찾기 위해 애쓰기보다 그의 말에 좀 더 귀 기울이기 위해 노력하렴.

'혹시, 지금 시간 괜찮니?'라는 상대의 첫마디 속에는 자신의 답답한 심정을 그저 들어주길 바라는 마음이 담겨 있어. 그리고 무너져 내리는 마음을 다잡고 용기 내어 찾은 상대가 너인 거고. 그에 대한 보답은 조용히 이야기를 들어주고, 말을 마친 상대가 마음을 추스르길 기다렸다가 따뜻하게 안아주는 거란다.

그렇게 비워낸 마음을 온기로 가득 채운 상대는 시련을 딛고 일어설 힘을 얻게 되는 거야. 그리고 훗날 네가 힘들어할 때 따스한 온기를 품고 찾아와 힘이 되어줄 거란다. 그저 말없이 너의 이야기를 들어주면서 말이지.

아빠는 지금도 그리고 미래에도 네 곁에서 너의 이야기를 듣고 싶어.

딸아, 인생이라는 길고 험난한 여행에 마음이 지칠 때면 언제든 돌아와 이야기하렴.

그렇게 힘을 얻고 다시 길을 떠나면 되는 거야.

고마움과 미안함은
지금 당장 표현하라

뭐든 때가 있는 법이라는 것을 너도 잘 알고 있지? 그중에서
도 감정을 표현하는 일은 적절한 때가 있는 법이야.

특히 고마움과 미안함은 감정을 느끼는 순간 바로 표현하는
것이 좋아. 고마움과 미안함은 상반되는 감정이지만 표현하는
데는 용기가 필요해. 두 감정 모두, 마치 상대에게 마음의 빚을
진 듯 여겨져 선뜻 말을 꺼내기가 어렵기 때문이야.

하지만 그럴수록 고마움과 미안함을 주저하지 않고 표현하는 연습을 해야 해.

고마움을 느끼는 순간 적절한 단어와 어투로 감정을 표현한다면, 상대방도 자기 행동이 가치 있었다고 여기며 기뻐할 거야. 또 미안한 마음이 든다면 서로의 잘잘못을 따지기에 앞서 진심을 담아 사과하렴. 그 작은 용기가 다툼의 불씨를 누그러뜨려 상대와의 관계를 회복하는 데 큰 역할을 할 거야.

때론 '표현하지 않아도 상대방이 자신의 마음을 알 것'이라고 착각할 때가 있어.

가까운 사이일수록 더욱 그렇지. '눈빛만 봐도 무슨 생각을 하는지 알아', '우리가 함께한 세월이 얼마인데, 꼭 말로 해야 해?'라는 생각들은 지금 당장 머릿속에서 지워버리렴. 지금껏 주변 사람들의 소중함을 편안함이라는 허울로 가린 채 되레 무시하고 있었던 것은 아닌지 자신을 되돌아봐야 해.

말하지 않으면 상대방은 모르는 거야. '눈빛만 보고도 감정을 알아차린다'라는 것은 그저 상대의 감정을 내 기준에 따라 제멋대로 유추해내는 것일 뿐이지. 그러니 가까운 사람일수록 고마움과 미안함을 적극적으로 표현해야 해.

네가 6살 때 설날을 앞두고 어린이집에서 세배하는 법을 배워 와 가족들에게 절을 하고 다녔어. 그런데 정작 설날 당일은 낯선 친척들 틈에서 부끄럼을 타느라 제대로 세배하지 못했지. 속상함에 울음을 터뜨리며 "내가 좋아하는 삼촌한테 꼭 세배하고 싶었는데…"라고 말하는 모습이 어찌나 귀엽던지.

그해 어린이날, 삼촌이 네게 줄 인형을 사서 우리 집에 들렀어. 한참을 신나게 놀다가 삼촌이 돌아갈 시간이 되자, 현관문 앞에서 네가 뜬금없이 절을 하는 게 아니겠니. "삼촌, 새해 복 많이 받으세요"라는 말과 함께 말이야. 네 삼촌은 "내년 세배를 미리 받았네"라며 크게 웃었지.

딸아, 지금 고마움을 느끼는, 또는 미안한 마음이 드는 누군가가 있니? 혹시 마음을 표현할 적절한 때를 놓쳐 후회하고 있진 않니? 마음은 곧바로 표현해야 후회가 남지 않는다는 것을 어렴풋이나마 배웠을 어렸을 적 너처럼 바로 감정을 표현할 수 있었으면 해.

만약 조금이라도 후회하는 마음이 든다면, 지금 당장 휴대전화를 들어 메시지를 쓰렴. 망설이는 와중에 가장 적절한 때는 바로 '지금 당장'이란다. 때를 놓친 세배가 가족에게 웃음을 선물했듯 고마움과 미안함을 전하는 데 '적절한 때'는 있어도 '너무 늦은 때'는 없어. 시의적절하게 상대에게 전해지는 감정은 그 울림이 더욱 크다는 것을 명심하렴.

아빠의 인생에 가장 큰 선물이자, 내 모든 것을 내어주어도 아까울 것이 없는 내 딸. 나에게 찾아온 그날부터 지금까지 넌 아빠의 삶의 이유이자 인생의 고비마다 힘을 낼 수 있는 빛이었어.

딸아, 진심으로 고마워.

아빠의 마음이 책의 한 구절로 남아 오래도록 네가 꺼내볼 수
있기를 소망해.

아빠의 마음은 언제든 이 책에 남아 있을 거야.

그러니 네가 힘들 때 언제든 책을 펼쳐보렴.

그 순간이 아빠의 마음이 전해지는 적절한 때란다.

정서적 거리감을
지켜야 하는 이유

딸아, 살다 보면 너를 하나의 '휴식처'로 여기는 사람들이 생길 거야. 그 사람들은 아마도 너와 물리적, 정서적으로 가까운 사람들이겠지. 때론 너도 그 관계 속에서 잠시 쉬며 힘을 얻을 수 있어. 그런데 아빠가 살아보니 그 관계에서도 '정도껏'이라는 기준이 생기더라.

신호등의 빨간불을 확인하고 횡단보도에 멈춰 섰어. 고개를 숙인 채 스마트폰을 만지고 있는데, 시야에 들어온 옆 사람이 횡단보도를 건너가기 시작했지. 그래서 나도 모르게 그 사람을 따라 한 걸음을 내디뎠어. 그러자 곧이어 울리는 차의 경적소리.

순간 '파란불에 횡단보도를 건너가는 나에게 경적을?'이라는 생각에 멈춰 선 차를 쳐다봤어. 그런데 막상 신호를 확인하니 빨간불인 거야. 결국 머쓱한 표정으로 짙게 코팅된 차 유리를 향해 고개를 숙여 사과해야 했어.

그리고 시선을 돌려 앞을 보니, 나를 휘두르고 먼저 건너기 시작한 사람은 귀에 이어폰을 낀 채 유유자적 도로를 건너고 있었어. 나에게 함께 건너가기를 권한 것도 아닌데, 왠지 모르게 억울한 마음이 드는 건 왜일까?

딸아, 너의 마음은 빨간불에 잘 멈춰 섰니?
그리고 파란불을 기다려 안전하게 건너고 있니?

사람의 마음은 생각보다 남에게 쉽게 휘둘린단다.
공감 능력이 뛰어난 사람일수록 더더욱 그렇지. 마음을 나누는 절친한 친구의 말투와 행동을 어느새 따라 하는 자신을 보렴. 행동도 그러한데 눈에 보이지 않는 마음은 어떻겠니?

공감 능력을 키울수록 고민 많은 주변 사람에겐 '언제든 기댈 수 있는 정서적 언덕'이 될 수 있어. 그렇게 고민을 한없이 수용하다 보면 어느 순간, 마치 자신이 시련을 마주한 것처럼 근심이 늘어버려. 그러면 이제 그 고민은 더 이상 남의 고민이 아닌 거야.

그렇다고 마음의 문을 닫고 '그 누구에게도 공감하지 않겠어'라며 매정한 사람이 되라는 말은 아니야. 아무리 매정해지고자 다짐해도 마음의 빈틈이 생기기 마련이고, 그 빈틈으로 새어 나오는 감정의 선을 건드리는 이야기에는 동요될 수밖에 없어. 그러니 공감 능력을 키우든 매정해지든 중요한 것은 너 스스로 기준을 세워야 한다는 거야.

딸아, 어쩔 수 없이 '빨간불에 건너려는 사람'을 만나야 한다면, 정말 어느 정도만 들어주면 된단다.

'오랜 친구를 잃으면 어떡하지?'

'상대방이 서운해하지 않을까?'

이런 고민은 당장에라도 떨쳐버려야 해.

고개를 들어 거울을 보렴. 네게 고민을 말하던 그 친구의 표정이 거울 속 네 모습에서 그대로 재연되고 있잖니?

그리고 중요한 것은 네가 공감하든 안 하든, 자신의 고민을 덜어낸 상대방은 귀에 이어폰을 낀 채 유유자적 횡단보도를 건넌다는 사실이야. 그 모습에 뒤늦게 억울해하지 않으려면, 정말 어느 정도만 들어주면 된단다. 상대방이 횡단보도를 건너려는 순간에 함께 길을 건널 필요는 없다는 것을 명심하렴.

윗사람에게도 아랫사람에게도
정중하게 대하라

'갑질 문화'는 꽤 오래전부터 사회 곳곳에 존재해 왔어. 사람들은 상식을 벗어난 갑질에 분노했고, 심지어 갑질로 인한 억울함을 '분신'이라는 형태로 표출하는 사람도 있었지. 이윽고 갑질을 방지하는 다양한 법률이 만들어지고, 기업들도 직장 내 갑질에 대한 내부 규정을 만들기 시작했어.

갑질 문제를 들여다보면, 사람의 존재가치를 부정하는 모욕적인 언행이 발단인 경우가 많아. 그만큼 자신의 존재를 부정당

하면 사람은 분노하게 돼. 만약 사람들이 관계에 있어서 정중함이라는 덕목을 갖추게 된다면, 갑질 문제는 자연스럽게 사라지지 않을까?

딸아, 사람을 대할 때는 윗사람이든 아랫사람이든 정중하게 대해야 해.

윗사람은 대개 자신보다 나이가 많거나 지위가 높아. 윗사람을 보며 연륜에서 나오는 삶의 지혜에 고개가 절로 끄덕여지기도 하고, 전문가적인 면모에 감탄하기도 하지. 이런 사람을 정중하게 대하기란 상대적으로 쉬워. 자신에게 없는 무언가를 가졌다는 무의식 속 동경심이 정중한 언행으로 나타나기 때문이야.

그런데 아랫사람은 어떻니? 대개 자신보다 나이가 어리거나 사회초년생과 같이 여러 가지 면에서 능력이 부족한 사람들이야. 재력이나 삶의 지혜 또는 기술적으로 그들에게 배울 점이 없을 수도 있어. 윗사람에게 느껴지는 동경심이 부족하니, 덩달아 정중함도 줄어들고 무례해지기 일쑤이지.

사람은 자신이 아는 것을 나눌 줄 알아야 성장할 수 있어. 열심히 배우고 익혀 자신의 것으로 만든 지혜는 남에게 나누는 순간 더 큰 지혜가 된단다. 누군가를 가르쳐본 사람이라면 이 말의 의미를 십분 이해할 거야. 자신이 익힌 것을 남에게 설명하고 가르치기 위해선 한 단계 높은 이해가 필요하거든.

그러니 자신의 성장을 위해서라도 아랫사람에게 삶의 지혜와 노하우를 아낌없이 나누렴. 그러면 어느새 아랫사람은 무시의 대상이 아닌 함께 성장해 나가는 동반자가 되어 있을 거야. 다만, 원치 않는 사람에게 가르치려 드는 것은 꼰대의 모습이라는 것을 잊지 말아야 함은 당연하겠지.

공자는 "영민하고 배우기를 좋아하며, 아랫사람에게 묻기를 부끄러워하지 않는다"라고 말했어. 때론 아랫사람에게도 배울 점이 있다는 것을 명심하렴. 빠르게 변하는 시대의 흐름은 한 살이라도 어린 사람들이 수월하게 적응해 나가는 것이 사실이야. 네가 아랫사람이라고 여기는 사람들은 '시대의 변화를 빠르게 읽어내는 능력이 있는 사람'이라는 것을 잊지 말아야 해.

네가 어린아이였을 때 처음 만난 또래에게 이런 말로 관계의 물꼬를 트곤 했어.

"안녕, 너 몇 살이니?"

아이들의 이런 질문은 서열을 정리하려는 의도가 아닌 동질감을 느끼기 위한 순수함의 표현이야. 질문을 받은 아이가 나이가 많든 적든 함께 뛰어노는 데 아무런 문제가 되지 않아. 이렇듯 아이들에게 '연륜 있는 윗사람'이나 '어리숙한 아랫사람'은 아무런 의미가 없어.

딸아, 나이를 관계의 서열을 정리하기 위한 도구가 아닌 동질감을 느끼기 위한 순수함의 표현으로 받아들일 수 있는 어른이 되길 바랄게.

그렇게 윗사람의 연륜을 존중하고, 아랫사람의 영민함을 존중하길.

자랑은 하면 할수록
사이를 멀어지게 만든다

늘 자랑거리가 넘치는 사람이 있어. 돈이 많음을 자랑하고, 똑똑함을 자랑하고, 권력과 명예를 자랑하고, 잘난 남편과 자식을 자랑하지. 그런 사람을 보면 처음에는 대단해 보여도 종국엔 불편한 마음이 드는 것이 사실이야. 그러니 '그 자랑하는 사람'이 내가 되지 않도록 항상 경계해야 해.

『장자』 산목 편에는 '빈 배 이야기'가 나와.

장자가 홀로 배를 타고 유유자적 흐르며 사색에 잠겨 있었어. 그런데 갑자기 배 한 척이 다가와 장자의 배에 부딪히는 것이 아니겠니. 장자는 생각했어.

'아니, 조용히 명상에 빠져 있었건만, 이유 없이 내 배를 들이박다니!'

장자는 화를 삭이지 못하고, 부딪힌 배를 향해 큰소리를 칠 요량이었어. 하지만 그럴 수 없었지. 왜냐하면 그 배는 사람이 타고 있지 않은 '빈 배'였기 때문이야. 장자는 순간 부끄러운 마음이 들었어. 그래서 그 길로 돌아와 제자들에게 말했지.

"세상일은 배 안에 누군가 있기 때문에 일어난다. 비어 있는 배를 향해 화를 내거나 소리치는 사람은 없다. 내 마음도 빈 배와 같이 비울 수 있다면 나와 맞서려는 사람이 사라질 것이다. 즉, 아무도 나에게 화를 내거나 소리치지 않을 것이란 뜻이다. 만약 내 배가 비어 있는데도 나에게 소리치는 이가 있다면 그들이 어리석은 것이다. 그럴 땐 오히려 내 마음이 비어 있으므로,

다른 사람들이 화를 내는 것을 즐길 수 있다."

자랑이 끊이지 않는 사람의 마음은 허영심으로 가득 차 있어. 장자가 말한 빈 배와는 거리가 멀지. 공연히 남에게 자랑하는 일은 마음의 배에 험상궂은 뱃사공을 태운 격이야. 요즘으로 말하면 수시로 차선을 바꾸며 과속하는 난폭 운전자쯤 되겠지. 쉴 새 없이 울려대는 다른 차들의 경적 소리를 감내해야 할 뿐만 아니라 교통법규를 어겨 경찰의 단속을 받아야 할지도 몰라.

마음을 빈 배와 같이 비울 수 있다면, 남과 부딪혀 상처받는 일을 줄일 수 있어.

또 공연히 자랑하는 일이 없기에 자신을 대하는 상대의 태도도 온화해질 테지. 빈 배가 되었다고 해서 자신이 이룬 성과나 잘난 남편, 자식이 어디로 가는 것이 아니야. 그저 남이 알아주는 것이 원만한 관계를 이어가고 마음 편히 사는 방법이란다.

혹시 자랑을 늘어놓는 사람을 만난다면 이렇게 생각하렴. '저 사람은 배를 비워야겠네'라고.

반대로 너를 시기하는 남들의 시선이 느껴진다면, 자신의 배를 비워야 해. 마음을 빈 배로 만들어 그저 강물을 따라 유유히 흐를 수 있도록 말이야.

딸아, 지금 네 마음은 비어 있니? 혹시 인간관계에 어려움을 느끼고 있다면, 마음의 배에 누군가 타고 있진 않은지 확인해보렴. 그리고 네 배와 부딪힌 누군가가 너를 향해 소리치고 있지는 않은지도 말이야.

남에게 바라지 말고
네가 먼저 좋은 친구가 되어주어라

사람과의 관계에서 무언가를 바라는 순간, 서로를 잇고 있던 다리에 균열이 생기게 돼. 시작은 선의일지라도 대가를 바라다 보면 처음의 순수했던 의도는 퇴색되고 말아. 또, 내가 주는 만큼 받지 못할 거라는 생각이 들면 내어주는 것 자체를 꺼리게 되지. 물질뿐만 아니라 감정도 마찬가지야. 상대에게 자신의 감정을 표현했을 때 돌아올 반응을 기대하다가는 실망하는 일이 잦아져. 그런 순간이 반복되면 홀로 상처받고, 상대에게 솔직한 감정을 전하기를 주저하게 되는 거야.

딸아, 남에게 바라는 마음은 뒤로하고 먼저 좋은 친구가 되어 주렴. 무조건 퍼주기식의 관계를 유지하라는 말은 아니야. 먼저 손을 내밀어 관계를 잇되, 모든 것에 있어서 과하지도 그렇다고 부족하지도 않은 '중용'을 지키는 친구가 되는 거야. 그런 친구가 바로 좋은 친구란다.

어느 날 공자가 노나라 환공의 사당에 들렀는데, 그곳에서 기울어진 그릇을 보게 되었어. 사당지기에게 그릇에 관해 물으니 이렇게 답했지.

"이 그릇은 물을 가득 채우면 엎어지고 비우면 기울게 되는데, 적당히 물을 채워야 바로 섭니다."

여기서 유래된 사자성어가 유좌지기(宥坐之器)로 '항상 곁에 두고 보는 그릇'이란 뜻이야. 넘치지도 부족하지도 않게 늘 마음을 수련해야 바로 설 수 있다는 의미로, 중용을 강조하고 있어. 친구를 사귀는 데 있어서도 이런 중용의 자세가 필요해. 잘못된 길을 걷는 친구를 무조건 응원해서는 안 돼. 물론 선택은 본인의 몫이지만 좋은 친구라면 친구가 중심을 잡는 데 도움이 될 적당한 조언을 할 수 있어야 해. 또, 승승장구하는 친구는 마음을 다해 응원해줄 수 있어야 해.

다른 사람과 무언가를 나눌 때도 중용의 마음가짐은 반드시 필요해. 사회생활을 하다 보면, 잇속에 목을 매는 사람을 종종 보게 돼. '자신의 결혼식에 누가 얼마의 축의금을 냈는지 일일이 기억하는 사람', '1분 1초도 손해 보지 않으려는 사람', '재능을 나누는 것에 과도한 대가를 바라는 사람' 등.

모든 일의 중요도를 돈으로 따지다 보면, 인생에서 소중한 사람을 만날 기회를 스스로 저버리는 꼴이 돼. 자신이 낸 축의금을 온전히 회수하지 못해 친구에 대한 미움이 커지고, 시간을 손해 보지 않으려 친구와의 약속 장소를 마음대로 정하고, 대가 없이는 친구에게 도움을 주지 않지. 그러니 관계에 있어서는 자신이 조금 더 나누는 것이 중용에 가깝다는 것을 명심하렴.

관계를 이어가는 친구의 상황이 변하더라도 마음의 중심을 잡고 좋은 친구가 되기 위해 노력해야 해. 그렇게 좋은 친구가 될 수만 있다면, 그 마음을 전해 받은 친구도 너의 흔들림 없는 우정에 언젠가는 화답해줄 거란다.

혹여 너의 노력에 아무런 반응이 없거나 더 많은 무언가를 바라는 친구가 있다 해도 그걸로 된 거야. 모든 관계가 생각처럼 이어지지 않는 것은 어쩌면 삶의 진리에 가깝단다. 너의 노력은 훗날 네게 찾아올 좋은 친구를 맞이하는 데 좋은 밑거름으로 쓰일 테니, 친구를 원망하지도 스스로 자책하지도 않았으면 해.

남에게 바라지 않고 네가 먼저 좋은 친구가 되기 위해 노력하는 그 과정이 너를 정말 '좋은 친구'가 되게 하고, 더 나아가 '좋은 사람'으로 만들어줄 거야.

친할수록
예의를 지켜라

"친구라고 해서 불쾌한 말을 해도 된다고 생각하지 말라. 누 군가와 가까운 관계가 될수록 현명하고 예의 바르게 행동하는 것이 중요하다. 가끔 부득이한 경우를 제외하고, 친구로 하여금 불쾌한 말은 적에게서 듣게 놔두라. 적들은 이미 그런 말을 거리 낌 없이 할 준비가 되어 있다."

- 올리버 웬들 홈스

평생 함께할 사이라고 생각했던 친구와 멀어지는 경우가 있어. 네게도 그런 경험이 한 번쯤은 있었을 거야. 그때의 일을 가만히 생각해보렴. 관계가 틀어지는 사건은 의외로 사소한 경우가 대부분이지 않았니? 경제적으로 피해를 줬거나 상해를 입힌 정도의 과실이 아니라 단순한 감정 다툼 같은 것들 말이야.

누구나 서로를 알아가기 시작할 땐 상대의 감정을 살피며 조심하기 마련이야. 조심한다는 것은 상대를 어려워한다는 의미이기도 하지만 상대의 입장을 헤아리고 존중한다는 뜻이기도 해. 몇 번의 만남 이후에 마음이 통한다고 느껴지는 사람과는 빠르게 친해지지. 그런 만남이 지속되면 친구라고 말할 수 있는 관계가 되는 거고.

처음에는 서로 배려하며 감정을 존중하던 사람이 친구가 되는 순간, 관계의 변화가 생기기 시작해. 배려와 존중보다는 친밀도를 쌓기 위해 편안함을 우선하게 되지. 관계에 있어서 편안함이 친밀도를 높이는 것은 맞지만 분명한 한계점이 있다는 것을 명심해야 해.

넘치는 편안함은 자칫 '무례함의 씨앗'이 될 수 있어. 친구와의 관계에 있어서 자신의 감정만 내세우고 있지는 않은지 객관적으로 살펴야 해. 인간은 이기적인 동물이기에 편안함을 느끼는 상대에게 자신의 감정을 앞세우기 마련이거든. 반대로 상대도 나에게 감정을 마구잡이로 쏟아내고 있지는 않은지 잘 살펴야 하는 것도 잊지 말고.

그래서 친구 사이에는 편안함뿐만 아니라 예의도 반드시 필요하단다. 기본적인 예의를 저버리지 않는다면 관계가 한순간에 깨지는 일은 없을 거야. 친구 관계가 틀어지는 이유 대부분이 예의 없는 행동이나 말 때문이라는 것을 잊지 말렴.

예의를 지킬 때 친구는 비로소 '평생을 함께할 소중한 인연'이 되는 거야. 친구를 만나면 진심으로 반가움을 표현하고, 도움을 받았을 땐 마음을 다해 고마움을 전하고, 약속을 지키지 못했을 땐 지체하지 말고 사과하렴. 또, 편안한 말투가 상대에게 상처가 되지는 않는지 살펴보고 말이야. 반대로 네가 상처받는 상황이라면 주저 없이 친구에게 말해야 해. 네가 말하기 전에는 친구도 자기 행동을 돌아보기가 쉽지 않거든. 사소한 감정 다툼으로 친구와 사이가 멀어졌다면, 그동안 서로의 예의 없는 말과 행동이 관계의 끈을 좀먹고 있었던 거야. 보이지 않는 감정의 골이 깊어져 가늘어질 대로 가늘어진 끈을 한순간에 끊어버린 거지.

'적당한 거리가 관계를 더욱 돈독하게 만든다'라는 말을 종종 들어봤지? 아빠는 이 말의 속뜻을 '너무 친밀해진 사이를 의도적으로 떨어뜨려 상대의 감정을 존중할 마음의 여유를 준다'라고 해석해봤어. 군이 친한 친구와 거리를 두지 않아도 서로 예의를 지킨다면 상대방의 감정을 존중할 수 있단다.

그러니 딸아, 절친한 사이일수록 예의를 지키렴.
예의는 소중한 친구를 더욱 존중할 수 있는 존재로 만들어줄 거야.

무례한 사람에게
대처하는 법

태도나 말에서 무례함이 묻어나는 사람은 어딜 가나 있어. 그런 사람은 평소 '목소리 큰 사람이 이긴다'는 생각을 가지고 있는 경우가 많아. 거친 말과 행동으로 상대를 몰아붙여 생각의 여유를 주지 않으려는 심산인 거지. 그래서 무례한 사람과 대화하다 보면 감정이 상해 제대로 된 논리를 펴기 어려워. 무례한 사람은 어떻게 대처해야 할까?

일단 무례한 사람은 '잘 모르는 사람'이라는 것을 알아야 해. 한 분야에 해박한 사람은 상대의 이해도가 어느 정도인지, 문제를 해결하기 위한 최선의 방법이 무엇인지를 잘 알기 때문에 언성을 높일 이유가 없어. 잘 모르는 사람이 무례함을 무기 삼아 상대를 누르려고 하는 법이야. 그러니 다짜고짜 언성을 높이고 무례한 행동을 하는 사람을 논리적으로 두려워할 필요가 없어.

무례한 사람에게 똑같이 무례하게 행동하는 것은 좋은 먹잇감이 되는 일일 뿐이야. 작정하고 무례한 언행을 펼치는 사람을 기세만으로 억누르기란 쉽지 않거든. 자칫 무례함을 무례함으로 되받아치다 상대의 노림수에 엮여 들어갈 수 있어. 상대가 하는 말에 일일이 반응하기보다 상황을 객관적으로 보고 최대한 감정을 배제한 채 대처해야 해. 아무리 상대가 무례하더라도 마음을 가라앉히고 무슨 말을 하는지 차분하게 들어보렴. 상대의 주장에 빈틈이 없는지를 살피라는 말이야. 무례한 사람은 '잘 알지 못하는 사람'이기에 그의 말에는 빈틈이 있을 수밖에 없거든.

때론 무례함이 도를 지나쳐 상대의 말을 들으려 하지 않는 경우가 있어. 그럴 땐 자리를 피하는 게 상책이야. 어쩌면 자신의 막말에 분개한 상대가 싸움을 걸어오는 것이 그 사람의 목적일 테니까. 자리를 뜨고 나서 할 일은 상대방의 무례함이 어떤 부분에서 문제가 되는지를 따져보는 거야. 법적인 문제가 있다면 전문가의 조언을 구하고, 근거 없는 이야기를 했다면 상내가 한 말에 반박하는 내용의 메시지를 보내는 거지. 아마도 상대는 '잘 모르는 사람'이기 때문에 자기 행동이 어떤 결과를 불러올지 생각해보지 않았을 거야. 그러니 자기 행동이 법적으로나 도의적으로 어떻게 문제가 되는지를 각인시켜 주는 것이 좋아.

삶에서 무례한 사람은 되도록 피해야겠지만 어쩔 수 없이 마주해야 하는 상황이라면 그에 맞설 수 있는 차가운 이성과 냉철한 논리를 가지렴. 누구나 무례한 사람을 마주하고 상대의 강한 말투와 행동에 주눅 들어 제대로 대처하지 못할 때가 있어. 그 당시를 떠올리며 할 말을 하지 못한 자신을 자책하기도 하지. 하지만 딸아, 누구나 그럴 수 있어. 그러니 자신을 너무 자책하지 않았으면 해. 훗날 다시 생각해봐도 네가 틀리지 않았다고 생각한다면, 잘못한 것은 엄연히 그 무례한 사람이니까 말이야. 네 잘못은 없는 거야.

또다시 무례한 사람을 만난다면, 네 논리를 펼칠 좋은 먹잇감이라고 생각하렴. 상대방의 말을 두려움 없이 잘 듣고 빈틈을 찾아내서 냉철하게 반박하는 거야. 반박은 그 당시가 아니라 자리를 떠나서 해도 괜찮아. 그럴 수만 있다면 차분하게 대처한 네가 무조건 이기는 싸움이 되는 거란다.

무례함 속에는 너를 얕잡아 보는 상대의 심리가 깔려 있기 마련이야. 차분하게 논리적으로 대처하는 연습은 그 누구에게도 무시당하지 않을 단단한 내면을 다지는 일이기도 해.

그러니 무례한 사람을 피하지 말고 당당하게 마주하렴.

약점은 드러내지 않는 것이
현명하다

자신의 약점이나 심지어 가족 문제까지도 스스럼없이 말하는 사람이 있어. 주변에서 그 사람을 어떻게 대하는지 가만히 살펴보렴. 처음에는 안타까운 상황에 위로해주다가도 은연중에 그 사람의 부족한 부분을 무시하지.

사람은 남의 좋은 일보다 나쁜 일에 관심을 두기 마련이야. 자신보다 못난 모습에 위로받는 게 사람의 심리거든. 그래서 갖가지 소문을 들어보면 남의 잘된 일보다는 이별, 사고, 질병, 퇴사 등을 소재로 한 이야기가 많아. 만약 누군가가 자신의 약점을 드러낸다면, 그 이야기는 날개를 달고 상상도 못 한 곳까지 날아가게 될 거야. 그러니 자신의 약점은 남에게 드러내지 않는 게 좋아. 약점은 말 그대로 약한 부분이기에 남의 공격을 허용하기 쉬운 곳이지. 무심코 자신의 약점을 드러냈다가는 예상치 못한 공격에 큰 상처를 입을 수 있단다.

스포츠 경기를 앞둔 감독들의 인터뷰를 본 적이 있니? 그들이 한결같이 하는 말이 있어.

"상대 팀의 약한 부분을 잘 분석해서 그곳을 집중적으로 공략할 생각입니다."

인생을 살아가다 보면 가장 가까운 사람 몇몇을 제외하곤 경쟁을 염두에 두어야 해. 치열하게 살지 않겠다고 다짐하며 경쟁을 피해 다녀도 뜻대로 되지 않는 게 인생이더라. 그러니 최소한의 자기방어를 위해서는 약점을 드러내지 않아야 해.

그렇다고 자신의 약점을 누군가에게 절대 들켜서는 안 될 콤플렉스로 여기면 스스로 족쇄가 돼. 자신의 약점을 있는 그대로 받아들이되, 불필요하게 발설하지는 말아야 한다는 뜻이야. 자신조차 약점을 보듬어주지 않는다면 그 약점이 자존감을 한없이 깎아 먹어버릴 테니까.

약점은 극복 가능한 영역까지 노력해서 보완해야 하는 게 맞아. 할 만큼 한 뒤 약점으로 남는 것이 있다면 있는 그대로 받아들이는 연습을 하렴. 행여 누군가 그 비밀을 알게 되더라도 있는 그대로를 받아들이게 된 사람에게 약점은 전혀 부끄러운 것이 아닌 거야.

딸아, 약점을 다른 사람에게 공연히 말하지 말아야 하는 이유를 이제는 알겠지? 또, 그 약점을 잘 보듬어주어야 하는 사람이 자신이라는 것도 말이야. 약점은 남에게 말하지 않되, 누군가 알아도 상관없다는 듯 여기는 것이 가장 현명한 삶의 자세란다.

너를 가장 편안하게 해주는
사람과 사귀어라

'반대가 끌린다'라는 말에 동의하니? 자신과 반대되는 성격을 가진 이성에게 매력을 느낀다고 말하는 사람들이 있어. 실제로 자기에게 없는 면을 동경하고, 사랑에 빠지고, 결혼까지 결심하는 사람이 있지. 그 마음이 변치 않는다면 다행이지만 시간이 지나면서 하나부터 열까지 큰 매력으로 다가왔던 반대되는 지점들이 더는 이 관계를 지속할 수 없는 단점들이 되어버리곤 해.

예전에 한 다큐멘터리에서 흥미로운 실험을 했어. 참가자들에게 이성의 사진 여러 장을 보여준 뒤, 자기 이상형에 가까운 사람을 선택하라고 주문했어. 그런데 이 실험에는 한 가지 숨은 장치가 있었어. 사진 중에는 실험자 본인의 얼굴을 합성해서 만든 이성의 사진이 한 장 들어 있었지. 실험의 결과는 어땠을까? 놀랍게도 실험 참가자들은 대부분 자기 얼굴을 합성해서 만든 이성의 사진을 이상형으로 꼽았어.

위의 실험 결과만을 놓고 본다면 인간은 자신과 비슷한 분위기를 풍기는 사람을 본능적으로 좋아한다는 것을 알 수 있어. 즉, 반대가 아니라 '같음'에 끌린다는 말이지. 좋은 관계를 이어가는 연인이나 금실이 좋다는 부부들을 머릿속에 떠올려보렴. 웃는 얼굴이나 분위기가 비슷하다는 것을 금세 알 수 있어.

결이 비슷한 사람을 사귄다면, 특별한 무언가를 하지 않더라도 함께 있는 것 자체로 마음의 위안을 얻을 수 있어. 너에게 그런 편안함을 주는 사람을 만나렴.

반대에 끌리는 것은 일순간 호기심이 발동해 고요한 마음에 물결이 이는 것임을 알아야 해. 쉼 없이 흔들리는 물결을 타고는 인생이라는 긴 여정을 항해할 수 없어. 삶의 고난이라는 거센 바람이 불어올 때, 네가 쉴 수 있는 곳은 '널 닮은 누군가'의 품이란다. 혹자가 말하는 끌리는 반대가 아니고.

'그림 같은 사진', '사진처럼 생생한 그림'. 우리는 종종 이런 표현을 쓰곤 해. 잘 찍은 사진과 잘 그린 그림을 그 자체로 보지 않고 다른 대체물에 비유하는 이유는 뭘까? 누군가는 이런 말을 듣고 '사물의 진가를 알아보지 못한다'라고 생각할지 몰라. 하지만 아빠의 생각은 다르단다. '환상적인 순간을 담은 사진과 살아 움직이는 듯한 그림에 자극받은 무의식 속 심상이 본래의 아름다움을 다른 대체물로 확장하려는 것은 아닐까?' 하고 말이야.

자신을 닮은 사람을 만나는 것은 '그림 같은 사진', '사진처럼 생생한 그림'과 같이 자신을 사랑하는 마음의 확장인 셈이야. 그 사람은 언제든 네게 '조건 없는 편안함'을 줄 거란다.

너에 대한 아빠의 사랑도 같은 결을 지닌 소중한 존재에 대한 본능적인 애정일 테지. 아빠가 네게 느끼는 편안함을 너 또한 오래도록 간직하길 바란다.

너와 같은 웃음을 짓고, 너와 같은 다정한 말을 하고, 너와 같은 배려를 할 줄 아는 소중한 인연을 만나길 바랄게.

이별을
대하는 자세

인간이 느끼는 슬픔 중 가장 큰 슬픔은 무엇일까?

아빠 생각에는 '사랑하는 사람과 이별했을 때' 느끼는 슬픔이 아닐까 싶어. 젊은 날의 이별은 자신의 선택에 의한 이별인 경우가 많아. 연애를 예로 들 수 있지. 비슷한 결을 가진 다정한 사람을 만나 이별의 잔상을 행복한 장면으로 채울 수만 있다면, 이별이 슬프지만은 않을 거야.

그런데 이별에 있어서 가장 중요한 점은 '이별할 때'를 알아야 한다는 점이야. 사랑은 늘 격렬한 감정을 동반하기에, 냉철한 이성이 설 자리가 비좁기 마련이지. 그런데 이별할 때만큼은 이성에게 자리를 양보해줘야 해. 그래야 너무 늦지도, 너무 이르지도 않은 이별을 할 수 있단다. 그렇게 맞이한 이별은 아름다운 추억을 남기고, 또 다른 인연을 만나기 위해 나아갈 힘이 되어줄 거야.

나이를 먹어가며 겪는 이별은 젊은 날의 이별과는 또 다른 층위를 가지고 있어. 원치 않게 소중한 사람이 곁을 떠나게 되는 때가 오기도 해. 인간이라면 피할 수 없는 죽음이라는 시련을 마주하게 된단다. 죽음은 가까운 사람의 일이든 자신의 일이든 떠올리는 것만으로도 감당하기 힘든 슬픔을 안겨줘. 극복하기 힘든 이별의 슬픔. 과연 어떻게 받아들여야 할까?

물리학자인 김상욱 박사가 한 TV 프로그램에 나와 '물리학의 관점에서 바라본 죽음'이라는 주제로 이야기를 한 적이 있어.

"보통 죽음을 기이한 현상으로 생각하는데, 사실 물리학자의 눈으로 이 우주를 보면 죽음은 자연스러운 거예요. 오히려 산다는 것, 생명이 더 이상한 거예요. 지구의 물과 돌과 땅과 바닷물 다 죽어 있어요. 즉 우주는 죽음으로 충만하고, 죽음이 가장 우주의 자연스러운 상태인 것 같아요.

원자들은 대부분의 시간을 죽은 상태로 있다가 우연한 이유로 모여서 생명이 되고, 생명이라는 정말 이상한 상태로 잠깐 머물다가 죽음이라는 가장 자연스러운 상태로 돌아가는 거죠. 그래서 이런 사실을 깨닫고 나면, 내가 살아 있다는 이 찰나의 순간이 정말 소중하다는 걸 알게 돼요.

원자는 영원불멸해요. 원자는 지금 내 몸을 이루고 있지만, 죽으면 다시 뿔뿔이 흩어져서 나무가 되거나 지구를 떠나 별의 일부가 될 수도 있어요. 우린 원자의 형태로 영생할 수 있어요. 사랑하는 사람이 내 주위에 원자 형태로 있다고 생각하면 그런 것들은 위안을 주더라고요."

물리학의 관점에서 바라본 죽음은 '영원불멸한 원자의 형태로 되돌아가는 자연스러운 현상'이었어. 그리고 무심코 바라본 나무, 바위, 심지어 밤하늘의 별에도 우리가 이별한 생명들이 원자의 형태로 녹아 있는 것이고.

딸아, 영원한 이별 앞에 너무 슬퍼하지 않았으면 해. 어쩌면 네가 사랑하던 그 사람은 온 우주에서 가장 자연스러운 원자 상태로 되돌아가 비로소 평안을 찾은 걸지도 몰라. 그리고 네가 숨 쉬고, 보고, 듣는 모든 것에서 그 사람의 흔적을 찾을 수 있다고 생각하렴. 아빠도 언젠가 세상에서 가장 작고 아름다운 형태로 너와 항상 함께 할 거란다.

그러니 힘이 들 땐 고개를 들어 하늘을 보렴.
밤하늘에 무수히 빛나는 별빛 중 어느 하나는 너에게 무한한 응원을 보내는 아빠의 마음일 테니 말이야.

5장

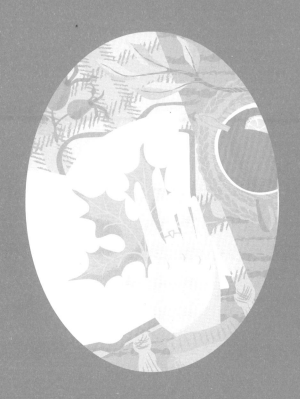

어떻게
살아야 하느냐고
묻는다면

마음의 소리를 따라
살아야 하는 이유

사람이 '걷는 법'을 잊어버릴 수 있을까? 『장자』에는 남의 걸음걸이를 무턱대고 따라 하다가 정작 자신의 걸음걸이를 잊어버린 청년의 이야기가 나와.

지방에 살던 청년은 도시 사람들의 우아한 걸음걸이가 무척이나 부러웠지. 결국 그는 도시 사람들의 걸음걸이를 배우기로 마음먹고, 그날로 도시로 가서 무작정 길을 지나는 사람들의 걸음걸이를 따라 하기 시작했어. 남의 뒤를 따르며 그 사람이 한 걸음을 내디디면 자신도 한 걸음을, 그가 팔을 앞으로 내저으면 자신도 팔을 앞으로 내저었지. 그렇게 한동안 생각 없이 따라 하다 보니 청년의 걸음걸이는 우스꽝스러워졌고, 어느새 자신의 걸음걸이를 잊어버리게 되었어. 그래서 결국 어떻게 됐는지 아니? 제대로 걸을 수 없던 청년은 바닥을 기어서 고향으로 돌아올 수밖에 없었지.

미디어에는 잘 꾸며진 타인의 삶이 쉴 새 없이 쏟아져 나와. 유명인이 입은 옷, 액세서리는 동이 나고, 심지어 그가 들른 식당은 대박이 터지곤 하지. 그런데 이렇게 생각 없이 유행을 좇다 보면 정작 자기가 좋아하는 것은 놓치게 돼.

아빠가 어린 시절, 인터넷은 고사하고 정규 TV 프로그램은 늦은 오후가 되어서야 시작했어. 그땐 특별히 유행이랄게 없었어. 그래서 그런지 주변 친구들은 좋아하는 것들이 각양각색으로 다양했지. 오히려 지금보다 개인의 개성이 '자주적'으로 표현되었던 때가 아닐까? 소소하지만 스스로 찾아낸 즐길 거리에 오래도록 진심을 다할 수 있었어.

네가 유치원생이었을 때 힘차게 돌아가는 풍차를 보고 이런 말을 한 적이 있었어.

"아빠, 풍차는 어떻게 돌아가는 거야?"
"바람이 불면 풍차의 날개가 힘을 얻어서 돌아가는 거야."

아빠의 대답을 듣고 너는 이어서 말했지.

"그럼 바람이 계속 불면 풍차는 쉬지도 못하겠다."

아빠는 순간, 풍차는 자신의 의지와 상관없이 바람이 부는 대로 움직이고 있다는 것을 깨달았어. 풍차는 때론 쉬고 싶은 날에도 거센 바람이 불어와 날개를 움직였을지 몰라. 아니면, 거침없이 돌고 싶은 날 미풍을 맞았을 수도 있고. 그렇게 오랜 세월 바람이 부는 대로 돌고 돌다 보면, 자신의 본마음이 무엇이었는지 잊어버리게 되는 거야.

딸아, 무턱대고 남을 따라 해서는 안 돼. 그래서 중요한 것이 바로 내재적 동기야. 미디어에 노출되는 광고에 이끌려 생각 없이 무언가를 하다 보면, 얼마 지나지 않아 흥미를 잃게 돼. '마음이 동한다'라는 표현을 쓰지? 그게 바로 내재적 동기란다. 화려한 광고에 눈길이 가더라도 정말 마음이 동하는지 잘 확인하렴. 자기 마음을 제대로 아는 것은 남에게 휘둘리지 않는 삶을 살기 위한 전제 조건이니까. 바쁜 일상에서도 시간을 내어 마음의 소리에 귀를 기울이렴. 그렇게 네 마음을 따라 살아가는 거야.

열심히 살아온 날들이 쌓여
빛나는 인생을 이룬다

뭐든 많이 하면 익숙해지고, 익숙해지면 나름의 노하우가 생기게 돼. 그렇게 자신만의 비법을 쌓다 보면 처음엔 보이지 않던 묘리를 깨닫게 되는 거야. 즉, 양적변화가 질적변화를 이끄는 거란다.

이를 증명하는 한 가지 흥미로운 실험을 소개할게.

두 그룹의 학생들에게 사진 콘테스트를 연다고 공지했어. 첫 번째 그룹에는 마지막 날까지 최대한 많은 사진을 찍어보고 그 중 가장 잘 찍은 사진을 제출하라고 했지. 반면 두 번째 그룹에는 사진 찍는 방법을 충실하게 공부한 뒤 마지막 날에만 사진을 찍고 그중 가장 잘 찍은 사진을 제출하도록 했어. 결과는 어땠을까? 심사위원들이 뽑은 잘 찍은 사진은 대부분 첫 번째 그룹의 학생들이 찍은 사진이었어.

첫 번째 그룹의 학생들은 직접 사진을 찍으며 부족한 부분을 수시로 확인하고 수정할 수 있었어. 하다못해 수백 번 카메라를 쥐며 단련된 손의 근육은 피사체를 안정적으로 화면에 잡아주었지. 선명한 사진을 위한 기본은 '손 떨림 방지'거든.

이론으로 아는 것과 실제는 천양지차란다. 너도 충분히 공감하는 얘기일 거야. 한 분야의 기초 이론을 글로 정리하기 위해선 어느 정도 경지에 도달해야만 해. 바꿔 말하면, 이론을 현실에 완전하게 적용할 수 있으려면 어느 정도 수준에 도달해야만 가능하다는 이야기야. 아무리 머릿속에 완벽한 이론을 외우고 있더라도 부단한 연습이 필요한 이유인 거지. 그래서 실력을 쌓은 뒤 이론을 정리한 교본을 다시 보면, 처음에는 보이지 않던 깊은 묘리가 보이는 법이야.

딸아, 뭐든 잘하고 싶다면 많이 해봐야 해. 헤겔이 "양적변화가 질적변화를 가져온다"고 말했듯 양적변화는 질적변화를 이끌고, 질적변화를 이루면 더 빠르게 해낼 수 있으니 또다시 양적변화를 이끌지.

아빠는 어린 시절에 종이접기에 푹 빠져 지냈었어. 빈틈없이 포개지는 색종이가 새가 되고, 배가 되고, 꽃이 되는 모습이 좋아서 방학 때면 온종일 종이접기를 하기도 했었지. 종이접기 기초교본을 보면 다양한 접기 방법이 소개되어 있어. 그것들을 익히고 새, 배, 꽃 등을 접기 시작했지. 그런데 늘 막히는 구간이 있었어. 교본에도 자세히 나오지 않고, 그림이 복잡해 아무리 시도해도 알 수가 없었지.

그런데 말이야. 수개월 종이접기를 하다 보니, 난제였던 구간이 자연스럽게 해소되었어. 수천 번 종이를 접는 과정에서 교본에 생략되어 있던 부분을 스스로 이해하게 된 거지. 양적변화가 질적변화를 끌어낸 거야. 그 이후로는 다양한 방법을 응용해서 같은 새를 접어도 더 빠르게, 새롭게 접을 수 있었단다.

딸아, 인생이 잘 풀리지 않더라도 너무 조급해하지마. 질적변화를 이루는 양적변화는 조급함을 버리고 꾸준히 하는 사람에게만 주어지는 선물이거든. 그러니 인생이 잘 풀리지 않는 것 같더라도 멈춰 서지 말고, 천천히 나아가기만 하면 돼. 그런 하루하루가 쌓여 양적변화를 이루고, 너도 모르는 사이에 인생의 묘리를 깨닫게 될 거야.

그렇게 찬란하게 빛나는 너만의 인생을 만들어가길 바랄게.

가끔은
힘을 빼고 지내자

모든 운동이 그렇듯 어느 정도 실력을 쌓은 뒤에는 '힘 빼기'를 잘하는 사람이 앞서나가는 법이야. 왜 그런 걸까?

만약 어떤 일을 잘하려는 마음을 먹었다고 가정해봐. 관련 분야의 책을 찾아보든, 전문가의 조언을 구하든, 강의를 듣고 공부하든, 할 수 있는 모든 것을 하기 위해 고군분투할 거야. 그리고 일정 시간이 지나면 기술을 익히고 자신만의 노하우를 쌓는 경지에 다다르게 되지.

이 지점은 대부분의 사람이 도달할 수 있는 경지란다. 그런데 거기서 한발 더 나아가는 사람은 어떤 사람일까? 주변의 성공한 사람들을 자세히 살펴보렴. 그들 중 대다수는 표정과 행동에 여유로움이 묻어나. 넘치는 재력과 높은 지위에서 나오는 여유가 아닌 인생을 달관한 자의 여유로움에 가깝지.

때론 너무 애쓰기보다 힘을 빼고 삶을 관망하는 태도가 필요해.

삶에서 왼쪽과 오른쪽, 때론 뒤를 돌아볼 수 있는 여유를 갖기 위해선 종종 힘을 빼야 한단다. 앞만 보며 내달릴 땐 볼 수 없었던 것들이 힘을 뺄 때 비로소 눈에 들어오는 법이거든.

테니스 경기에서 매 순간 강하게, 온 힘을 다해 치려고만 하면 어떻게 될까? 패턴이 단조로울 뿐만 아니라 길어지는 경기에 금세 체력이 바닥나고 말 거야. 또, '공을 강하게 때려야 한다'라는 생각에 사로잡혀 상대의 빈틈은 보지 못하고 넘기기에 급급하겠지. 그런데 만약 힘을 빼고 경기에 임한다면? 강함을 버리고 유연함을 선택하는 순간, 공격의 패턴은 다양해지고 상대의 빈틈을 볼 수 있는 여유가 생기게 돼. 강한 스매싱이 아닌 가벼운 리턴으로 반대편 코트의 빈 곳을 공략할 수 있게 되는 거야. 힘을 뺐지만 결과적으로 더 강해지는 거란다.

딸아, 일과 운동뿐만 아니라 인생에서도 '힘 빼기'는 아주 중요해. 아빠는 네가 남들이 말하는 성공을 이루지 못하더라도 표정과 행동에 여유로움이 묻어나는 사람이 되었으면 해. 성공만을 좇아 늘 힘주며 살다 보면 주변의 소중한 것들을 돌볼 여유가 없어지거든.

아빠도 한때는 이루고 싶은 것을 위해 앞만 보며 내달리던 때가 있었어. 더 잘하고 싶은 마음에 잠자는 시간을 줄여가며 무언가에 몰두했지. 그런데 그렇게 보내는 시간 동안 정작 중요한 것을 놓치고 있다는 것을 깨닫고는 후회하기 시작했어. 그것도 꽤 오랜 시간이 지나서 말이야.

후회라는 감정이 찾아들 때 가장 중요한 것은 무엇일까? 그 순간에 너무 오래 머무르면 안 된다는 거야. 바꿀 수 없는 과거라면 그 일을 되풀이하지 않기 위해 어떻게 해서든 움직여야 하거든. 그래서 아빠는 움직이기로 마음먹었어. 그런데 전과 같이 힘주어 움직이는 것이 아닌 힘을 빼고 여유롭게 움직이기로 말이야.

이제 아빠는 삶에서 종종, 아니 자주 힘을 뺀단다. 그렇게 나 자신을 돌아보고, 주변의 소중한 것들을 잊지 않기 위해 노력하고 있어. '힘 빼는 일'에 '힘쓰고 있다'고 봐야겠지.

딸아, 고된 삶이지만 가끔은 힘을 빼고 고개를 돌려 어디든 바라보렴.

그곳엔 한결같은 미소로 너를 바라보는 소중한 사람들이 서 있을 거야.

인생에서
자책이라는 글자를 지워버려라

자기 잘못을 깨닫고 스스로 반성하는 일은 잠시도 미뤄선 안
돼. 하지만 올바른 자기반성을 위해서는 반드시 명심해야 할 것
이 있어. 바로, 반성이 지나쳐 자책으로 이어지지 않도록 주의해
야 한다는 점이야. 인생을 살다 보면 자신을 용서할 수 없을 만
큼 원망스러울 때가 있어. 주위에서 건네는 어떤 위로도 내면을
갉아 먹는 자책을 멈추지 못하지. 그런 암흑 같은 시간이 지속되
면, 자존감은 낮아지고 어떤 일에도 의욕을 느끼지 못하게 돼.

올바른 반성은 모든 책임을 떠안고 그 자리에 주저앉는 게 아니야. 오히려 현명하게 잘잘못을 따져 자기 책임을 이해하고, 문제를 해결하기 위해 그 어느 때보다 적극적으로 행동해야 하지. 잘못을 뉘우치되 자책만 하다가 상황을 더 악화시켜선 안 된다는 말이야.

자책하지 않으려면 삶을 긍정적으로 바라볼 수 있어야 해. 2007년 국내에 번역 출간된 론다 번의 『시크릿』은 긍정적인 생각과 믿음의 힘에 관한 내용을 담고 있어. 아빠도 젊은 날 이 책을 접하고, 매 순간 긍정의 힘을 느끼기 위해 노력했었지. 같은 상황, 같은 사물도 긍정적으로 바라보기 위해 노력하다 보면, 일상을 이루는 모든 일의 중심을 '나 자신'으로 둘 수 있게 돼.

우리의 뇌는 부정어를 인식하지 못한다는 것을 알고 있니? 물컵을 들고 가는 아이에게 "물 쏟지 않게 조심해"라고 말한다면, 아이는 그 말을 듣는 순간 물을 쏟는 장면을 떠올리게 되고 불안감에 휩싸이게 되지. 그럴 땐 아이에게 이렇게 말해주어야 해.

"천천히, 안전하게 들고 가렴."

긍정의 상황을 떠올리게 된 아이는 마음의 안정을 되찾고 온전히 자신에게 집중할 수 있어. 이렇듯 부정어가 아닌 긍정어를 사용할수록 자기 믿음은 강해진단다. 긍정적인 생각을 통해 자기 믿음이 강해지면, 같은 상황도 원망이나 비난이 아닌 '올바른 반성'의 시각으로 바라볼 수 있게 돼. 그제야 비로소 자책하는 삶에서 벗어나 인생을 주도적으로 살 수 있어.

딸아, 삶을 긍정적으로 바라보고 인생에서 '자책'이라는 글자를 지워버리렴.

자존감을 갉아먹는 자기 비난과 책망을 멈출 수 있는 사람은 오로지 자신뿐이란다.

눈앞의 것을
하나씩 해 나가면 된다

기회비용을 따지고 멀리 내다보는 안목은 인생의 무기가 되지만 모든 것에 앞서는 '시급성'이라는 것이 있어. 그러니 눈앞의 일을 먼저 하는 것이 맞아. 이와 관련된 『장자』에 나오는 이야기를 한 가지 들려줄게.

가난했던 장자는 평소 알고 지내던 황하강 관리관인 감하후에게 곡식을 꾸러 갔어. 장자의 청을 들은 감하후는 이렇게 말했지.

"좋소. 몇 달 뒤 세금을 거두면, 그때 빌려주겠소."

장자는 당장 곡식을 꾸지 못하자, 감하후에게 이런 이야기를 들려주었어.

"내가 곡식을 꾸러 오는 길에 어디선가 도움을 청하는 작은 목소리가 들려왔습니다. 가만 보니 수레바퀴 자국 사이에 작은 물고기 한 마리가 보이더군요. 물고기는 곧 말라죽을 듯 보였습니다. 물고기가 다급하게 제게 말했습니다.

'저는 바다에서 왔습니다. 저에게 물을 조금만 가져다주실 수 있겠습니까?' 저는 물고기의 청을 듣고는 이렇게 답했습니다.

'좋다. 내가 지금 남부지역 왕을 만나러 가는 길인데, 남부지역에는 물이 풍부하니 왕에게 운하를 파도록 하여 강물을 끌어다 너를 구해주겠다. 그럼 되겠느냐?' 그러자 물고기는 불같이 화를 내며 제게 이렇게 말했습니다.

'그저 약간의 물만 있으면 말라 죽지 않을 터인데, 어찌 그런 식으로 말씀하십니까? 그럴 바에야 차라리 건어물 시장에서 나를 찾는 게 빠를 듯합니다'라고 말입니다."

장자는 '눈앞의 것을 해결하는 것이 먼저다'라는 말을 하고 있어. 시급한 일은 인간의 욕구와 관련된 일인 경우가 많아. 추위, 더위, 배고픔, 극심한 통증 등 후순위로 미루기엔 참기 어려운 것들이지. 그러니 인생을 풀어가는 비법은 '본능이 반응하는 눈앞의 것'을 해결해가면서 하나씩 배워가면 된단다. 먼 미래에 아무리 좋은 보상이 기다리고 있더라도 건강을 잃고, 마음을 다치고, 기쁨을 잃는다면 아무 소용이 없으니까.

그런데 눈앞에 확연하게 드러나는 것 외에도 시급하게 돌봐야 할 것이 있어.

바로 '숨은 감정'이야. 나이를 먹어가면서 감정은 드러내기보다 숨겨야 하는 것으로 여겨지지. 그런 날들이 계속되면 '지금 감정이 어떤지', 또 '그 격렬함의 정도는 어느 정도인지'를 알 수 없게 돼. 우울증의 본모습은 때로 웃음 뒤에 가려져 있기 마련이야. 속마음과 다른 감정 배출에 자신조차 속게 되는 거지.

딸아, 마음을 잘 살펴 '시급한 감정'을 찾아내는 연습을 하렴.

웅덩이 속 목마른 물고기에게 한 줌의 물을 뿌려주듯 자기감정을 살펴야 한다는 말이야. 늘 괜찮다 여겼던 마음이 실은 여기저기 멍들어 있을지도 몰라. 먼 미래에 주어지는 보상에 현혹되어 시금 당장 뭉그러지는 마음을 방관하고 있는 것은 아닌지 늘 주의해야 해.

그러니 딸아, 때론 멈춰서서 네 마음과 눈을 맞추고 속내를 들어보렴.
너의 그 행동이 말라 죽어가던 마음에 한 줌 물을 뿌려 생기를 북돋아줄 테니까.

그게 바로 네가 해결해야 할 눈앞의 일이란다.

돈 관리는
인생 관리다

부자가 되기에 가장 적절한 나이는 언제일까? 너무 이르지도 너무 늦지도 않은 나이, 오십이 가장 적기가 아닐까 싶어. 이른 나이에 쌓는 부는 막대한 유산을 물려받거나 굉장한 운이 따르는 경우이지. 노력이 주된 요인이 아닌 다른 원인으로 부를 쌓다 보면, 돈의 소중함을 알 길이 없어. 쉽게 번 돈은 그만큼 쉽게 쓸 수밖에 없거든. 젊은 날 부자가 '평생 부자'가 되는 일이 흔치 않은 이유이기도 하지.

그래서 여러 번 돈을 쥐어보기도, 잃어보기도 한 오십이라는 나이가 부자가 되기에 가장 적기인 거야. 오십에 부자가 되어 있다면 아마도 돈을 관리하는 나름의 비법을 터득했다고 보아야겠지. 그렇게 쌓은 부는 어영부영 흩어지지 않는단다.

아빠도 부자가 되었다고 장담할 수는 없어. 하지만 젊은 시절부터 돈을 대하는 자세에 대해 고민하다 보니, '돈 관리가 곧 인생 관리'라는 진리를 깨달았지. '돈은 있다가도 없고 없다가도 있다'라고 생각하면 마음은 편하지만 인생을 살아보니 돈은 그렇게 호락호락하지 않더라. 돈은 늘 관리하고 가볍게 여기지 않아야 어디로 도망가지 않아.

돈 관리는 '제대로 아는 것'에서부터 시작해야 해. 지금 매달 얼마를 벌고, 얼마를 쓰는지 알고 있니? 두루뭉술한 금액이 아닌 원 단위까지 정확하게 말이야. "당연히 알고 있죠"라고 선뜻 대답할 수 있겠니? 수입과 지출을 정리하는 일은 생각보다 까다롭고 귀찮은 일이야. 하지만 반드시 해야 하는 일이지.

자신의 수입과 지출을 자세히 정리해보면, '내가 평소에 이렇게나 많이 썼나?'라는 생각이 들 거야. 매달 고정적으로 나가는 지출, 예로 핸드폰 요금, 관리비, 주유비, 식비 등은 소비로 인식하지 못하기 때문이지.

지금 당장, 작정하고 가계부를 적어보렴. 너의 씀씀이에 놀랄 마음의 준비를 하고 말이야.

그다음에는 저축하는 습관을 들여야 해. 요즘 사람들은 저축을 대하는 자세가 극과 극으로 나뉘어. '1원도 쓰지 않겠다는 부류'와 '짧은 인생, 수중에 돈을 남기지 않겠다는 부류'이지. 이는 모두 옳지 않아. 수입과 지출을 확인했다면, 필요한 곳에 제때 돈을 쓸 줄도 알아야 해. 움켜쥐기만 하면 본인을 비롯한 주변인 모두 삶의 질이 형편없이 낮아지거든. '모으는 즐거움'과 '쓰는 즐거움'의 균형을 찾기 위해 부지런히 노력하라는 말이야.

제때 돈을 쓸 줄 알고 남은 돈을 저축할 수 있는 상황이라면, 이제는 목돈을 만들어봐야 해.

돈 관리는 단순히 수입과 지출을 확인하고 돈을 규모 있게 쓰는 것만을 뜻하지 않아. 돈 관리의 핵심은 바로 조금씩이라도 재정을 늘려나가 삶을 여유롭게 만드는 일에 있어. 처음 천만 원을 모으는 데 3년이 걸렸다면, 그다음 천만 원을 모으는 데는 3년이 채 걸리지 않을 거야. 크지는 않지만 이미 모아둔 천만 원에서 나오는 이자가 있고, 1년 동안 돈을 모으며 다양한 노하우를 쌓았기 때문이지.

아빠가 위에서 말한 돈 관리법은 누구나 아는 기본적인 방법이지만 이를 실천하기란 절대 쉽지 않아. 때론 울적한 마음을 달래려 평소 갖고 싶었던 물건을 사버릴지도 몰라. 또, 일상에 지쳐 낯선 해외로 즉흥적인 여행을 떠나고 싶을지도 모르지.

그런데 딸아, 돈을 제대로 관리할 수 있게 되면 인생에서 중요한 것을 알아보는 지혜를 얻을 수 있어. 아빠는 욕망을 채우려는 마음에 뭔가를 사고 싶을 때면, 그 가치로 할 수 있는 다른 것들을 생각해본단다. 대부분 소중한 사람들과 추억을 쌓는 일이 떠오르더라.

너와 함께 놀이동산을 가거나, 너와 함께 영화를 보거나, 가족이 함께 여행을 떠나는 일. 아빠에게 현명한 소비란 인생의 소중한 추억을 만드는 데 쓰는 것이었어. 그래서 어느 순간 불필요한 옷을 사지 않고, 신발을 사지 않고, 한번 쓰고 치워둘 전자기기는 사지 않게 되었지. 어쩌면, 돈을 관리하기 시작하면서 인생 또한 관리되기 시작한 거야.

딸아, 너도 인생에서 소중한 것을 알아보는 지혜가 생기는 마법을 경험해보기를 바란다. 돈 관리를 통해서 말이지.

좋은 습관이
좋은 인생을 만든다

앙리 프레데릭 아미엘의 "생활은 습관이 짜낸 천에 불과하다"는 말처럼 일상을 이루는 대부분의 행동은 습관의 발현이라는 것을 잊지 말아야 해. 그래서 바르게 걷고, 바르게 앉고, 바르게 먹으려면 평소 좋은 습관을 들여야 한단다. 의식이 크게 관여하지 않는 이런 행동들은 절대적으로 습관의 지배를 받거든.

잘못된 걸음걸이는 양발의 균형을 깨뜨리고, 자칫 족저근막염과 같은 질병을 유발해. 또 뭐든 빨리 먹는 습관은 만성 소화

불량의 원인이 되지. 기본적인 것을 기본만큼 하기란 쉽지 않단다. 그래서 삶의 기본이 되는 것일수록 좋은 습관을 들이도록 반드시 노력해야 해.

반복해서 말하지만 좋은 습관은 기본적인 것을 기본만큼 하는 거야. 잠시 시간을 내어 자신의 하루를 점검해보렴. 먹고, 말하고, 앉고, 잠드는 사소한 행동을 하는 데 있어서 기본을 지키고 있다고 말할 수 있겠니? 아마도 쉽게 대답하기 어려울 거야.

인간은 편리함을 선호하는 본능이 있어. 적당한 보폭으로 균형감 있게 걷는 것보다 발 닿는 대로 터덜터덜 걷는 게 편해. 또, 허기가 질 때 눈앞의 음식을 빨리 먹어 치워야만 배고픔을 해소할 수 있지. 사회생활을 하는 데도 마찬가지야. 편리한 쪽으로 일을 처리하다 보니, 생략해도 큰 문제가 되지 않을 법한 일은 점점 챙기지 않아.

편리함을 추구하는 인간의 본능이 기본을 저버리게 만들고, 그에 따른 말과 행동은 쉽게 습관으로 자리 잡아버리곤 해. 이런 습관이 쌓여 나의 삶을 이룬다는 것이 정말 무섭지 않니? 편리함만 좇다 보면, 삶을 좋은 습관으로 채울 수 없어.

한번은 아빠의 노트북이 고장 나서 글 쓰는 작업을 할 수 없었어. 아니, 정확히 말하자면 키보드의 자판을 치는 작업을 할 수 없었던 거지. 그래도 때때로 떠오르는 글감을 정리해야 했기에, 노트를 꺼내 연필로 손 글씨를 쓰기 시작했어.

처음 몇 줄을 적어 내려가는 동안은 연필을 쥔 손이 저렸지만 불편함은 잠시뿐이었어. 오랜만에 손으로 장문의 글을 쓰면서 '손맛'을 제대로 느낄 수 있었어. 썼다 지우기를 손쉽게 할 수 없는 불편함은 글에 진중함을 더해줬고, 글자의 획을 그을 때마다 들려오는 사각거리는 소리는 마음의 안정감을 더해줬어.

이윽고 한 편의 글을 마무리하고 고쳐쓰기 위해 재차 읽어 내려갔지. 그런데 생각보다 수정할 곳이 많지 않다는 사실에 깜짝 놀랐어. 자판을 두드려 글을 쓸 땐 쉽게 쓰고 지울 수 있다는 편리함 때문인지 고칠 곳투성이였거든.

그래서 생각했어. 글 쓰는 작업의 편리함이 글을 대하는 마음가짐을 가볍게 만든 것은 아닌지를 말이야. 그날 이후로 아빠는 충분히 생각하고 고민해서 글에 진중함을 더하기 위해 노력하고 있단다. 그리고 그 마음가짐은 어느새 '기본을 기본만큼 하는 좋은 습관'으로 자리 잡게 되었지.

딸아, 때론 불편하게 느껴지는 일상의 한 지점에 '좋은 습관'이 숨어 있다는 것을 명심하렴. 그렇게 찾아낸 좋은 습관으로 짜낸 너의 삶은 아름다운 빛깔을 머금은 비단이 될 거란다.

분노는
어떤 순간에도 관리해야 한다

기쁨보다 분노를 다스리기가 훨씬 어려운 법이야. 분노는 사람을 극단으로 치닫게 만들고, 한순간에 사람과의 관계를 단절시켜 버리기도 하지. 그렇기에 분노를 다스리는 방법은 일생을 살아가면서 항상 고민하고, 배우고, 실천해야 해.

언쟁이 벌어지면 견해의 차이를 좁힐 수 없는 상황에 가슴은 답답해지고 점점 목소리가 커져가지. 결국 합의점을 찾지 못해 그대로 일어나 자리를 피하게 돼. 그리고 속으로 생각하지.

'저 사람과는 이제 끝이다.'

상대가 평생 다시 마주칠 일이 없다면 문제 될 게 없지만 배우자나 가족, 직장 상사나 동료라면 이야기가 달라지지. 자주 얼굴을 맞대야 하는 사람과의 갈등은 감정의 골이 깊어지기 전에 풀어야 해. 아예 연을 끊거나 퇴사하는 것이 아니라면 말이야.

그런데 한번 일어난 불꽃 같은 감정은 쉽게 사그라지지 않아. 그럼 어떻게 해야 할까? 아주 간단하면서도 효과적인 방법이 있어. 바로 글쓰기야. 글 쓰는 과정을 한번 생각해보렴. 머릿속으로 적절한 단어를 떠올리고, 자연스러운 문장구조를 찾아 배열해 나가는 과정이 필요하지. 그래서 사람은 글을 쓰는 동안 그어느 때보다 이성적으로 생각할 수 있게 돼. 즉, 글쓰기는 분노로 어지러워진 마음을 차분하게 정리하는 효과가 있단다.

다만, 이때의 글쓰기는 너무 가볍지 않은 주제인 것이 좋아. 감정을 마구잡이로 쏟아내기만 하는 글쓰기는 이성적 사고를 끌어내는 데 큰 도움이 되지 않거든. 그동안 미뤘던 기획서를 쓴다든가, 최근 읽었던 책이나 기삿거리에 관한 생각을 적어본다든가, 새해 목표의 진행 상황을 점검해본다든가. 글쓰기 주제는 5분만 생각해봐도 충분히 찾아낼 수 있어.

글을 쓰는 동안 분노가 사그라들었다면, 이제는 논쟁이 됐던 상황을 글로 적어보는 거야. 그러면 곧 깨닫게 될 거란다. 그 논쟁이 그리 중요하지도, 상대의 의견에 큰 오류나 문제점이 있지도 않다는 것을 말이야. 그리고 그 깨달음을 통해 서로의 '생각의 차이'를 받아들이게 되면, 자연스럽게 상대를 이해할 수 있게 돼.

누군가와 다툰 뒤, 감정을 억누르고 자리에 앉아 글을 쓴다는 게 쉽게 상상이 되지 않을 거야. 하지만 마음속 불꽃이 커지면 자칫 그 화마가 자신을 집어삼켜 버릴 수 있기에 반드시 실천해보기를 바랄게.

한마디 말이라도
진심을 더하라

'기쁘다', '즐겁다', '흡족하다', '행복하다', '황홀하다', '유쾌하다' 등 좋은 감정을 표현하는 단어는 셀 수 없이 많아. 여기에 '약간', '정말', '너무', '심각하게'와 같은 부사를 사용하면 그 정도까지 조절할 수 있지. 한글의 위대함이라고 할 수 있어. 그래서 때론 표정과 몸짓, 어투 등을 달리하지 않고도 적절한 단어를 사용해 상대에게 자기감정을 전달할 수 있어. 그런데 말이야. 이렇게 다양한 감정표현이 존재하기 때문에 도리어 비언어적 표현이 줄고 있다는 생각이 들진 않니?

외국 영화 속 배우의 과장된 말투와 행동이 인상 깊을 때가 있어. 그런데 가만 보면, 같은 단어에 배우의 표현이 그때그때 달라진다는 것을 알 수 있지. 한정된 단어로 감정의 크기를 표현하려다 보니, 표정과 목소리 톤이 시시각각 달라지는 거야. 때론 단조로운 대사에 뒤따르는 풍부한 비언어적 표현이 오히려 진솔해 보일 때가 있단다.

딸아, 감정을 표현할 때 그에 맞는 표정과 몸짓, 어투를 사용하고 있니? 아니면 내뱉는 말과 달리 무미건조한 표정을 짓고 있진 않니? 언어적 표현과 비언어적 표현이 일치하지 않을 때 상대는 알 수 없는 불편함을 느껴. 위로의 말을 전할 때도 무미건조한 표정이라면 아무리 쓰는 단어가 따뜻함을 담고 있더라도 진심을 전할 수 없어.

모든 상황에 적절하게 사용할 수 있는 단어가 존재하지만 삶에 생동감을 더하기 위해서는 비언어적 표현이 필요하다는 것을 명심하렴.

때론 감정이 사라진 인형처럼 살아가는 세상이야. 일은 일대로 하지만 친구는 친구대로 만나지만 연인과 일상적인 데이트를 하지만 감정은 메마른 듯한 느낌이지.

그럴 땐 말하고 있는 너의 표정과 몸짓, 그리고 어투를 살펴보렴. 진심을 다하는 듯했던 네 삶은 어쩌면 수많은 단어 속에 감정을 숨긴 채 제대로 된 표정을 짓지 못하고 있을 테니까.

딸아, 감정표현은 말과 행동의 합이란다. 수만 가지 단어를 조합해 세밀한 감정을 표현하고, 그에 맞는 표정을 짓고, 억양을 조절하는 거야. 그리고 위로의 말을 건넬 땐 상대의 어깨를 토닥여주고, 환희의 말을 전할 땐 양팔 벌려 상대를 안아주렴.

비언어적 표현이 말과 일치할 때, 너의 삶은 생동감이 넘쳐흐를 거란다.

마음의 보습을
유지하라

별일 아니라며 넘겼던 일이 마음의 상처가 될 때가 있어. 겉으로 드러나지 않는 칼날이 속마음 이곳저곳을 헤집어놓는 경우이지. 이 정도면 '별일'이 '별일' 아니라고 봐야 해.

종종 정신없이 서류를 정리하다 보면, 순간 알싸한 고통이 찾아들 때가 있어. 종이가 적절한 각도를 이루며 손가락 피부를 시원하게 가른 거야. 상처 부위는 1cm 정도에 불과하지만 보기보다 심한 통증에 며칠을 고생해야 하지.

왜 종이에 베인 상처는 유독 아픈 걸까? 그 이유는 바로 '종이의 단면'에 있어. 눈으로 보기에 종이는 부드럽고 매끈해 보여. 그런데 현미경으로 확대한 종이의 단면은 날카롭고 울퉁불퉁한 톱날 모양이란다. 그래서 종이에 베이면 작은 상처 부위에 비해 깊은 상처가 남는 거야.

자신의 마음도 제대로 돌보지 않으면, 무심코 집어 든 종이에 베일 수 있어.

매끈하게 보이는 종이에 베인 마음은 겉으로는 괜찮아 보이지만 그 속은 톱날에 어지럽게 헤집어질 수 있거든. 그러니 애써 괜찮은 척하지 말고 마음을 돌보렴. 특히 건조한 날일수록 종이에 쉽게 베이기 때문에 마음에도 적당한 수분이 필요해. 날카로운 톱날을 숨기고 날아오는 종이라는 녀석을 촉촉해진 마음이 누그러뜨릴 테니 말이야.

아빠는 오늘, 평소 쓰지 않던 핸드크림을 발라봤어. 손가락 사이사이 전해지는 끈적함이 유쾌하지만은 않더라. 하지만 조금 시간이 지나자 그 이질감은 곧 상쾌함으로 바뀌었어. 건조함이 사라진 손은 탄력을 얻어 더욱 단단해졌지.

손뿐만 아니라 마음에도 '마음 크림'을 잔뜩 발라두어야 해. 마음이 촉촉해야 일상 중 크고 작은 시련에 유연하게 대처할 수 있이. 또, 마음의 보습이 유지되어야 날카로운 종이에 베이지 않고 감정을 정리해 나갈 수 있는 거야.

종이처럼 톱날을 숨긴 채 다가오는 시련이 삶 곳곳에 매복해 있지만 손과 마음의 건조함을 없앤다면 그 무엇도 두렵지 않단다.

그러니 딸아, 오늘도 손과 마음에 크림을 듬뿍 바르렴.

6장

잘될 수밖에 없는
너에게

너 자신과 잘 지내는 것이
가장 좋은 삶이다

"자기 자신에게 친구가 되어라. 자신을 사랑하는 후원자가 되어라. 그것이야말로 자기 자신과 신뢰의 관계를 쌓기 시작하는 강력한 방법이다."

- 바티스트 드 파프 『마음의 힘』 중에서

자신을 믿지 못하는 마음은 불확실한 삶을 더욱 불안하게 만드는 요인이야. 한 치 앞을 내다볼 수 없는 상황에서 자기에 대한 믿음까지 없으면, 최악의 상황을 자초하는 꼴이 되고 말아.

그렇기에 너에게 믿음을 줘야 하는 사람은 그 누구도 아닌 바로 '자기 자신'이란다.

자기 믿음을 쌓기 위해 가장 먼저 해야 할 일은 자신과 잘 지내는 거야. '잘 지낸다'라는 것은 서로를 지칭하는 대상이 있어야 가능한 일이야. 그래서 '자신은 둘로 나눌 수 없는 존재인데 어떻게 자신과 잘 지내라는 거야?'라는 의구심이 들지도 몰라.

이 말의 의미는 자신을 물리적으로 나눠 손을 맞잡고 잘 지내라는 뜻이 아니야. 내면에 숨어 있는 본심을 찾아내 그에 따르는 삶을 살 수 있어야 한다는 의미이지. 우리가 하는 말과 행동은 자기 의지가 아닌 외재적 요인에 의해 결정되는 경우가 많아. 그런 일상이 반복되면 정작 자신의 속마음은 알지 못한 채 사회가 원하는, 주변 사람이 원하는 삶을 살게 되는 거야.

딸아, 자신과 잘 지내고 있니?

1분 1초를 다투는 바쁜 일상 중에 거울에 비친 자신과 진지한 대화를 한다는 것은 절대 쉬운 일이 아니야. 그러니 적극적으로 시간을 내어 조용한 시간대에 거울 속 자신과 천천히 대화를 시작해보렴. 마치 사랑하는 연인의 눈, 코, 입 그리고 피부의 촉감을 눈에 담듯 자신을 바라보는 거야. 그러면 금세 깨닫게 된단다.

지금껏 자신의 얼굴을 이렇게 오래도록 바라본 적이 없었다는 사실을 말이야.

자주 시간을 내어 거울 속 자신을 마주하다 보면, 어느새 처음의 어색함은 사라지고 자신의 본마음을 들여다볼 수 있어. 그 시점이 바로 '자신과의 대화'가 시작되는 순간이란다.

자신을 이해할 수 있게 된 사람은 자신을 사랑할 수밖에 없어. 잘난 점, 부족한 점을 온전히 바라볼 수 있기에 오만과 자책에서 벗어날 수 있지. 그러면 부족한 점을 포장하려 삶을 허비할 필요도, 남과의 비교 속에서 자신을 원망할 필요도 없게 돼. 비로소 있는 그대로의 자신을 사랑할 수 있는 거야.

딸아, 삶은 한 치 앞을 내다볼 수 없기에 늘 불안해. 모두가 그렇지. 그 불안 속에서도 흔들림 없이 앞으로 나아갈 수 있으려면 남이 아닌 자신을 잘 돌봐야 한단다. 오늘도 거울 속 자신을 바라보며 힘들어하는 나를 다독이고, 기뻐하는 나에게 칭찬의 말을 전하고, 눈물 흘리는 나에게 따뜻한 손길을 내밀어주렴.

그렇게 자신과 더욱 친해지는 하루가 되기를.

삶이 막막할 때는
오늘 하루만 잘 살아내라

딸아, 살다 보면 누구나 시련을 맞게 돼. 눈앞에 나타난 거대한 벽 앞에 무너지면 더는 앞으로 나아갈 수 없어. 지친 몸은 충분한 휴식으로 치유할 수 있지만, 무너진 마음은 쉽게 회복되지 않는단다. 아빠가 이미 한번 말했지만 시련은 어찌 보면 '마음의 상처'의 또 다른 표현이야.

삶이 막막할 때는 오늘 하루만 잘 살아내자고 마음먹어봐.

'시간이 약이다'라는 말은 누구나 할 수 있는 진부한 위로지만 누구에게나 적용되는 인생의 진리이기도 해. 곧 죽을 듯 슬펐던 일도 시간이 지나면 무뎌지기 마련이니까. 하루, 한 달, 1년, 아니면 수년. 기간의 차이일 뿐 어떻게든 살아내면 슬픔은 조금씩 사라진단다.

오늘 하루, 너를 가장 힘들게 하는 일은 무엇이었니?

혹시 1년 전 이맘때 너의 가장 큰 걱정거리는 무엇이었니?

그 일을 대하는 너의 마음가짐은 그때와 지금, 어떻게 다르니?

맞아. 시간은 약인 거야.

삶은 늘 막막해. 지금 벌어진 일의 결과를 예측할 수 없기 때문이지. 잘 흘러가던 일도 예상하지 못한 사소한 사건 하나로 틀어질 수 있어. 반대로 불가능하다고 여겼던 일이 천운을 만나 물 흐르듯 해결되기도 하지. 이렇듯 삶에서 맞닥뜨리는 모든 일에는 행운과 시련이 공존해. 그러니 시련이 행운으로 바뀌는 내일을 맞이하기 위해 오늘을 잘 살아내야 하는 거야.

아빠가 살아보니 시련을 맞닥뜨린 오늘을 살아내는 방법은 참 다양하더라. 눈앞에 나타난 벽을 허물거나, 기어오르거나, 그것도 안 되면 에둘러 가는 거지. 어떤 방법을 선택하든 멈추지만 않는다면 또 한 번의 하루가 지나가. 그런 날들이 쌓이다 보면, 눈앞의 벽은 더 이상 시련이 아닌 인생을 지나는 하나의 길일 뿐이라는 것을 깨닫게 돼.

딸아, 오늘 하루 많이 힘들었지?

힘든 하루를 보낸 뒤에는 더더욱 내일 하루는 또 어떻게 흘러갈지, 오늘보다 더 힘든 날이 되진 않을지 걱정되고 막막할 거야. 막막함이라는 감정은 잘 해내고 싶을 때, 문제를 해결하고 싶은 마음이 간절할 때 더 커지는 법이야. 동시에 조급함이 들어서 스스로를 무리하게 다그치게 되기도 해. 하지만 그럴 때일수록 이 말을 되새겼으면 해. 눈앞의 벽을 굳이 허물어뜨리려 하지 않아도 돼. 에둘러 가더라도 시간이 좀 더 걸릴 뿐 언젠가는 벽

너머로 나아갈 수 있을 테니까.

그렇게 하루를 잘 살아내고, 더 잘 살게 될 내일을 맞이하렴.

"시련은 언젠가 찾아오기 마련이에요. 시련은 인생을 다시
시작할 수 있는 좋은 기회예요. 가혹하면 가혹할수록 훗날 쓸모
가 있습니다."

- 무라카미 하루키 『기사단장 죽이기』 중에서

인생에서 듣고 싶은 말은
스스로 만들어가는 것

하루는 간밤에 잠을 설친 탓인지 출근길을 나서자마자 졸음이 밀려왔어. 그래서 점심시간에 짧은 낮잠을 자기로 마음먹었지. 힘들게 오전 일과를 마치고 점심시간이 되자, 주차된 차 안에 누웠어. 아직 완연한 봄은 아니지만 날씨가 제법 따뜻해진 터라 얇은 담요를 덮으니 잠자기에 적당한 온도가 되었지. 막 달콤한 낮잠에 빠지려는데, 신경을 거스르는 소음이 들리기 시작했어. 소음의 정체는 바로 '비행기 소리!'

한 대쯤 지나가겠거니 싶어 눈을 감고 기다렸어. 그런데 뒤이어 날아오는 비행기가 '슈웅' 하고 재차 공명음을 내는 거야. 한 대, 두 대, 세 대, 네 대. 비행기 소리는 10여 분간 끊이지 않고 계속됐지. 평소에는 들리지 않던 비행기 소리에 문득 '전쟁 난 거 아닐까?'라는 생각에 급하게 스마트폰으로 검색까지 해봤어. 다행히 별다른 사건 없이 조용하더라.

시동이 꺼진 차 안에서 조용히 눈을 감고 있으니, 비행기 소리뿐 아니라 각종 생활 소음이 생각보다 다양하다는 것을 알 수 있었어.

짐을 가득 싣고 방지턱을 넘는 트럭 소리.
게양대의 깃발이 바람에 나부끼는 소리.
어디에서 들려오는지 모를 개 짖는 소리.
다양한 박자의 발걸음 소리.

소음의 발원지는 다양하다 못해 넘치고 넘쳤지. 순간, '그동안 이런 소음 속에서 어떻게 생활할 수 있었던 거지?'라는 의문이 들더라. 근무 시간에는 정신을 집중해 일을 하고, 쉬는 날이면 아기자기한 새소리를 들으며 산책하곤 했는데 말이야.

그 비밀은 인간의 '뇌'에 있어. 인간의 뇌는 듣기 싫은 소음은 마치 처음부터 존재하지 않았던 것처럼 '음소거'를 하고, 듣고 싶은 소리는 더욱 증폭시켜서 들려준단다. 평소 비행기 소리가 들리지 않았던 이유는 우리의 뇌가 비행기 소리를 다른 정보와 비교해 듣기 싫은 소리로 간주해 버렸기 때문이야.

시끄러운 음악 소리가 울리는 콘서트장이라도 의사소통을 하려고 하면 생각보다 자연스럽게 이뤄지지. 이 또한 우리의 뇌가 듣고자 하는 상대의 말소리는 증폭시키고, 배경에 깔리는 음악 소리는 줄여주기 때문에 가능한 일이야.

혹시 그렇다면, 일상 중 귀에 들어오는 소리는 수많은 소리의 바다에서 거르고 거른 '중요한 정보' 혹은 '소중한 이야기'가 아닐까?

그러니 딸아, 귀에 들어오는 소리를 너무 가볍게 여기지 않아야 해.

평소 듣기 싫은 소리로 여겼던 말들을 유심히 살펴보렴. 아마도 네게 피가 되고 살이 되는 내용들이 가득 담겨 있는 '정보의 보고'일 가능성이 크니까 말이야. 다만, 감정을 거스르는 소음에 불과한 소리는 뇌의 허락을 받았다 하더라도 현명하게 거를 수 있어야 해. 휴식을 방해하는 비행기 소리처럼 말이지.

뇌의 자동필터에 걸러지는 말,
통제 범위를 넘어 귀에 꽂히는 말,
그리고 또다시 의지로 걸러야 하는 말을 현명하게 구분하렴.

그렇게 인생에서 듣고 싶은 말은 스스로 만들어가는 거야.

기본이라는 나만의 무기를
잊지 말자

지금껏 세상에 없던, 완벽하게 새로운 것이 있을까? 기술의 발전으로 인간이 생각해낼 수 있는 대부분의 일은 현실이 되었어. 불과 18세기 이전까지만 해도 하늘을 날아다니는 일은 상상할 수 없었지. 지금은 어떻니? 재력만 있다면 우주여행도 가능한 시대야. 신의 영역이라 여겨지는 몇몇 분야를 제외하곤 상상이 곧 현실이 되는 시대. 때론 급변하는 현실에 상상력이 뒤처지기도 하는 시대란다.

이런 시대를 살아가는 사람들에게 창의력은 분명 중요하지만 '모든 일에 창의력을 발휘해야 한다'라고 강조하는 것은 옳지 않아. 어느 순간부터인가 인간의 재능을 판단하는 요소에 창의력이 큰 비중을 차지하기 시작했어.

'틀에 박힌 교육에서 벗어나 생각의 자율성을 높이고, 그에 기반해서 새로움을 찾는다.'

목표는 그럴듯하지만 창의성만을 강조하다 보면 놓치게 되는 것들이 있어.

무작정 새로움만 좇다 보면 기본기에 소홀하게 돼. 기존에 없던 것을 찾아야 한다는 강박은 기본기를 익힐 마음의 여유를 빼앗지. 기본이란 어떤 일을 하는 데 있어서 가장 먼저 익혀야 하는 것, 더 높은 단계로 나아가기 위해 꼭 필요한 것이지. 새로움만 좇는 것은 짚으로 이어 만든 엉성한 다리 위를 걷는 것과 같아. 자칫 다리가 무너져 내릴 수도, 엉성한 틈으로 발이 빠져 버릴 수도 있지.

아빠가 생각하는 창의력이란 완전한 새로움을 찾는 것이 아니라, '같은 것을 새롭게 바라볼 수 있는 안목'이란다. 이때 기본기가 탄탄해야 함은 당연한 일이야. 그러니, 재능을 인정받고 싶은 마음에 '새로움만 좇는 창의력'에 목매서는 안 돼.

아빠는 젊은 날 여러 번의 수험생활을 거치면서 새로운 공부법을 찾기 위해 노력했었어. 그래서 찾은 방법이 속독이었어. 같은 시간에 몇 배 분량의 글자를 읽어낼 수 있는 속독법은 경쟁자를 앞지를 수 있는 나만의 무기가 될 것만 같았지. 그런데 수개월을 속독에 매달린 결과는 예상과 달랐어. 빠르게 읽기 위해 시야에 마구잡이로 글자를 쓸어 담자, 이해력이 곤두박질친 거야. 내용의 암기는 고사하고 단순한 문장조차 제대로 이해할 수 없었지.

그래서 다시 공부의 기본에 관해 고민하기 시작했어. 정확히 말하자면 책 읽기의 기본이라고 할 수 있지. 초등학교 국어 시간에 한글을 익힌 후 가장 먼저 하는 학습활동은 '소리 내어 책 읽기'야. 입으로 소리를 내어 읽으면 처음에는 한 자 한 자 끊어 읽다가 어느새 의미 단위로 문장을 읽게 돼.

아빠는 속독을 멈추고 낭독을 시작했어. 새로운 공부법을 찾으려는 노력은 결국 돌고 돌아 기본으로 귀결된 거야. 그날 이후로 낭독을 꾸준히 실천했어. 그러자 집중력과 이해도가 전과 비교할 수 없을 만큼 높아졌다는 사실을 발견할 수 있었어. 충분한 낭독으로 문장을 의미 단위로 읽을 수 있게 된 거야.

딸아, 혹시 지금 새로움을 찾기 위해 방황하고 있다면 기본이 무엇인지 되새겨보렴. 기본을 찾아 꾸준히 실천하는 너의 노력은 절대 헛되지 않을 거야. 오히려 같은 것을 새롭게 보는 안목을 기르기에 가장 빠른 지름길은 기본기에 있음을 잊지 말아야 해.

기본을 충실히 익히는 것은 결코 느린 걸음이 아니야.
느리지만 꾸준한 걸음이 훗날 너만의 창의력을 꽃피울 큰 도약이 될 거란다.
그렇게 새로움이 가득한 너만의 인생을 살아가기를.

온전한 추위를 겪어내야
따스한 봄이 온다

어느 초겨울, 아침에 눈을 뜨자마자 재채기가 시작됐어. 쉴 새 없이 터져 나오는 재채기에 정신까지 몽롱해졌지. 본격적인 겨울이 오기도 전인데 이 정도라니. 얼마 지나지 않아 완전한 겨울의 중턱에 다다랐고, 영하 15도의 한파를 알리는 재난 문자가 속속 도착했어. 잠들기 전 방한 장구를 미리 챙겨두고, 비염과의 사투를 위한 마음의 준비를 했지.

아침에 눈을 뜨니 영하 15도의 한기가 집안에서도 생생하게 느껴졌어. 추위를 견디기 위해 몸을 잔뜩 움츠린 채 출근길에 나섰지. 겨우 사무실에 도착해서 정신없이 오전 업무를 하다 보니 어느덧 점심시간이 되었어. 그리고 불현듯 깨달았지.

'아, 오늘 아침에 재채기를 한 번도 안 했네.'

스마트폰을 열어 확인하니 여전히 온도는 영하권이었어. 그런데 아침부터 괴롭히던 비염은 사라지고, 겨울바람이 콧속을 시원하게 드나들고 있었지.

맞아. 애매한 추위가 더 추운 법이야. 추위에 완전히 적응하지 못한 신체는 재채기라는 이상 신호를 보내며 겨울이라는 계절을 받아들이지 못하지. 그러다 영하 15도를 넘나드는 한파에 겨울을 온전히 인정하고 몸을 긴박하게 조정하기 시작하는 거야. 기온에 맞게 근육을 수축하고 심장박동을 늦추는 거지.

추위와 더위를 인위적으로 조정하려는 인간의 욕심이 비염이라는 질병을 키우고 있어. 추운 날은 추운 것이, 더운 날은 더운 것이 정상이야. 추운 날 덥거나, 더운 날 추울 때 탈이 나는 법이지. 마음도 마찬가지야. 현실을 받아들이지 못하고 애매하게 방황할 때 상처가 더 깊어진단다.

딸아, 삶의 고난을 이겨내는 가장 좋은 방법은 현실을 외면하기보다 '잘' 상처받는 거야. 너무 느리지도 빠르지도 않은 적당한 때에, 적당한 크기의 상처를 말이지. 시련을 피하려고만 하다가는 늘어나는 생채기에 마음의 생기를 잃게 돼. 그러니 상처받는 것을 두려워하지 말고, 시련에 맞서는 용기를 가지렴.

오히려 크게 다쳐서 다행인 거야. 몸도 마음도 말이지.
그렇게 온전한 추위를 겪은 넌, 겨울 지나 따스한 봄이라는 계절로 나아갈 테니까.

더 멀리 가기 위해선
몸도 마음도 가벼워야 한다

꽃 사이를 유유자적 날고 있는 나비. 날갯짓 한두 번에 금세 방향을 바꾸고 어디로든 날아들지. 고단한 현실을 벗어나고픈 사람들은 자유분방한 나비에 자신을 이입해 위안을 얻곤 해. 장자도 나비가 되어 유유자적 나는 꿈을 꾼 뒤 "나비가 나인지, 내가 나비인지 분간하지 못하겠다"라고 말하며 물아일체의 경지를 표현하기도 했어.

나비는 애벌레 시절을 지나 화려한 날개를 달고 다시 태어나. 이런 극적인 성장 과정은 삶의 변화를 꿈꾸는 이들에게 감명을 주기에 충분하지. 그런데 혹시 변태가 일어나는 고치 속을 상상해본 적 있니?

　　나비의 애벌레는 쉬지 않고 먹이를 먹으며 양분을 죽적해. 그리고 때가 되면 고치 속에 몸을 숨기고 성충이 되기 위한 인고의 시간을 보내지. 그런데 여기서 놀라운 점은 애벌레가 나비의 형태로 변하는 과정이야. 고치 속 애벌레는 길쭉한 몸통에서 다리와 날개가 돋아나는 것이 아니라 걸쭉한 액체 상태로 완전히 용해된 뒤 나비의 형태로 재생성돼. 유충인 애벌레는 사라지고 새로운 생명체가 만들어지는 거지. 이렇듯 나비는 사람들이 생각하는 것보다 더 극적인 변화를 겪게 돼.

　　기존의 생김과 습관을 버리고, 오로지 다시 태어나기 위해 인고의 시간을 버틴 나비. 아름다운 날개를 가질 충분한 자격이 있지 않니?

누구나 오늘보다 나은 내일을 꿈꾸며 살아가. 간절함의 차이는 있겠지만 깨어 있는 정신으로 살아간다면 조금씩 성장하는 것이 인간이야. 하지만 나비처럼 자신을 용해하는 고통을 감내하는 사람은 드물지.

새롭게 태어나기 위해 자신을 용해하는 과정은 굳어버린 삶의 습관, 마음가짐, 쌓아온 관계 등이 무겁고 악할수록 큰 고통이 따른단다. 그러니 삶의 극적인 변화를 위해서는 먼저 마음을 비우고 삶을 가볍게 만들어야 해.

딸아, 지금 마음이 복잡하다면 쉼 없이 덜어내기 위해 노력해야 해. 처음에는 작은 응어리조차 덜어내기를 주저하는 스스로의 모습이 한심하게 느껴질지도 몰라. 하지만 더 멀리 가기 위해선 힘들더라도 덜어내야만 해. 마음뿐만 아니라 몸도 가볍게 만들기 위해 노력하렴. 가방 속 불필요한 짐을 덜고, 거추장스러운 장신구를 풀고, 가벼운 신발로 갈아신는 거야. 아빠가 이미 한번 말했지만 인생이라는 여정을 행복하게 여행하려면 몸도 마음도 가벼워야 한단다.

그렇게 하나둘 비워낸 몸과 마음에 날개를 달고 자유롭게 날

수 있기를 바랄게.

때론 정신 승리가 필요해

딸아, 지금껏 아빠가 네게 전한 말이 네 인생의 나침반 속 침이 되어, 너만의 길을 찾는 데 작은 도움이 되길 바란다.

오늘보다 나은 내일은 거창한 무언가로부터 오는 것이 아니란다.

같은 상황도 좀 더 긍정적으로 해석하고, 그것을 진실로 받아들이는 삶의 태도면 충분해. 이를 정신 승리로 치부하는 사람도 있어. 하지만 정신 승리를 잘하는 사람이 이뤄내는 삶의 성과가 결코 작지 않다는 것을 명심하렴. 어찌 보면 암울한 상황에서도 자신을 다독이고, 다시금 자신을 일으켜 세울 줄 아는 정신 승리자야말로 긍정의 확언을 실천하는 깨친 사람이니까.

이제 일상에서 겪는 일을 이전과 다른 시선으로 바라볼 마음의 준비기 되었니?

부디 아빠의 말이 너의 다짐에 작은 힘이 될 수 있기를.

네가 마음만 먹는다면, 이제 남은 일은 오직 '잘될 일'뿐이란다.

딸에게 주고 싶은 가장 좋은 말

초판 발행   2024년 11월 25일

지은이   이길환
펴낸곳   다른상상
등록번호   제399-2018-000014호
전화   02)3661-5964
팩스   02)6008-5964
전자우편   darunsangsang@naver.com

ISBN   979-11-93808-16-0   03190

독자 여러분의 책에 관한 아이디어나 원고 투고를 설레는 마음으로 기다리고 있습니다.
이메일로 간단한 개요와 취지, 연락처를 보내주세요. 독자님과 함께하겠습니다.